八叔传奇

罗坤明 著

羊城晚报出版社
·广州·

图书在版编目（CIP）数据

八叔传奇 / 罗坤明著. -- 广州 : 羊城晚报出版社, 2025.8. -- ISBN 978-7-5543-1419-7
Ⅰ. I25
中国国家版本馆CIP数据核字第2025BL8248号

八叔传奇
Bashu Chuanqi

策划编辑	朱复融
责任编辑	朱复融　潘子扬
责任技编	张广生
装帧设计	友间文化
出版发行	羊城晚报出版社
	（广州市天河区黄埔大道中309号羊城创意产业园3-13B　邮编：510665）
	发行部电话：（020）87133053
出 版 人	陶　勇
经　　销	广东新华发行集团股份有限公司
印　　刷	佛山市浩文彩色印刷有限公司
规　　格	787毫米×1092毫米　1/16　印张17　字数250千
版　　次	2025年8月第1版　2025年8月第1次印刷
书　　号	ISBN 978-7-5543-1419-7
定　　价	68.00元

版权所有　**违者必究**（如发现因印装质量问题而影响阅读，请与印刷厂联系调换）

序

于幼军

  我与该书作者罗坤明共事于20世纪90年代初。那时我年方30余岁，在广州市天河区任区委书记，坤明在区委办公室负责综合工作，按分工他常随我到街道、镇村和企业调研，参加各种活动，起草各种文件。他工作勤奋、认真、细致，为人谦和、朴实、厚道，勤读书善思考，给大家留下很好的印象。后来组织调他到广州市政府任黎子流市长秘书4个年头，得到黎市长的信任，经受了历练，学到了黎市长一心为市民办好事实事的好作风。

  上个月前，作者拿着一叠书稿来我家登门拜访，请我为其写的《八叔传奇》作序。我翻阅这本纪实文学书稿，作者以朴实的文风，简洁贴切、生动活泼的文字，勾勒刻画了茂名市著名农民企业家、养殖蛋鸡龙头企业主杨幸注（八叔）栩栩如生高大丰满的形象，思想和文字功力俱佳，令人爱不释卷。

  八叔有幸赶上了干事创业的好年华，沐浴改革开放的春风,畅享发展商品经济、市场经济的阳光雨露,凭借勤、俭、实三字,一步步走上了脱贫致富之路,成为远近驰名的农民企业家。他无论是种橙子、龙眼小试牛刀,还是饲养肉鸡、蛋鸡大展宏图;也不论是自行研发养鸡饲料和疫苗,还是探索创新机械化、自动化养鸡之道;八叔始终既克勤克俭、吃苦耐劳,又勇于尝新试验。况且对客户和员工诚信为本、包容大度,赢得大伙对他的信任与尊重,乐意与他真诚合作共事,事业越做越大越红火。2015年实现了蛋鸡养殖的全面机械化、自动化,五层鸡舍十万只鸡仅需数人饲养。至2024年,八叔17年间在高州市建起了15个蛋鸡场,日产鲜蛋百吨,年产值2亿多元,被广东省家禽协会授予家禽养殖"终身成就奖",国家农业部将之评为"蛋鸡标准化示范场",代表了我国蛋鸡养殖行业的最高标准、最高水平。

迈入迟暮之年,八叔在继续扩展蛋鸡养殖业和龙眼种植业的同时,又耗费五年心血亲自选址设计组织施工,斥资数亿在家乡建造了占地380多亩、美轮美奂的园林——高州岭南凤凰园。该景区依山傍水,以瀑布、奇石、溶洞、花丛、树木为主,亭台楼阁错落有致,成了茂名及粤西民众喜爱前往悠闲游玩、观赏盆栽艺术的旅游景点,并听取八叔创业的故事,受到八叔精神的陶冶。

八叔带领农民养鸡脱贫致富,被广东省人民政府授予"广东省扶贫先进工作者"称号。略嫌不足的是,该书对八叔创业有成如何带动家乡更多农民走上致富之路的故事反映得不够详尽。事实上，能办起规模如此大的养殖场，对带动当地农民创业致富和对地方经济发展的贡献一定不少。若能对八叔如何带动帮助乡亲们脱贫致富多费些笔墨，则八叔的形象更为丰满。

八叔几十年如一日不倦奋斗，踏平坎坷终获成功，靠的是什么？也即他成功的秘诀是什么？八叔将之概括整理为"勤""俭""实"精神。本书也将此作为主线贯穿始终，以充实生动的内容予以诠释。

何为"勤"，作者引述八叔原话："勤劳虽非成功的必然保证，但却是驶向成功彼岸不可或缺的航船。唯有以勤劳为桨，方能破浪前行。"八叔正是这样做的，不论从事哪方面创业，他始终手不停、脚不停，亲力亲为、身先士卒，全然没有大老板的架子。

何为"俭"，作者详尽描述八叔一生衣着简朴，饮食简单。创业时到外地出差，他总是搭便车、坐硬座、啃干粮、住小客栈，能省则省；对下属却乐于分享，让他们过上体面而有尊严的生活。辛劳几十年，积蓄了不薄的身家，实现了家庭的财务自由，但他仍然保持质朴与节俭的本色。正是凭着这一美德，成就了他与美国最大的蛋鸡生产商伊势公司的合资合作大业，迅速做大企业规模，一跃而为中国南方首屈一指的蛋鸡生产企业。

所谓"实"，作者把八叔创业数十载成功的秘诀概括为——创新为本，求真务实为基。唯有务实创新，企业方能屹立不倒。

我们期待八叔在勤、俭、实基础上不断传承创新，使自己的企业长盛不衰，办成中国式的百年企业！八叔的创业精神与实践经验，也将激励更多的企业家奋起，创造堪与八叔比肩的事业！

于幼军

2024.11.28.

　　于幼军，中山大学马克思主义哲学专业博士。1986年始，先后在区、市、省和国家部委党政领导岗位，历任广东省委常委、省委宣传部部长、深圳市市长、湖南省委副书记、山西省省长、文化部党组书记、国务院南水北调办副主任。

序

黎子流

农民企业家杨幸注的创业传奇很有普遍的指导意义。我认为一定要真实地写清楚他为什么能这样做？成功最重要的原因是什么。

杨幸注成功的经验有很多条，我认为最重要的一点就是，"勤俭实"的八叔精神中的一个"实"字，即求真务实，勇于创新、善于创新。创新是广府人的性格特征。广东改革开放先行一步的基本经验就是，解放思想，求真务实，大胆革新。创新是推动社会进步和经济发展的重要动力，它不断打破常规，开辟新领域，为我们带来更美好的未来。

在创业的征途上，特别是改革开放以来，众多追梦者纷纷踏上探索之旅，寻觅着通往个人和企业辉煌的独特路径。其中，能够稳健前行、成就非凡的佼佼者具备的鲜明特征，就是实事求是的精神与勇于创新的魄力。杨幸注正是这样一位在农业与文旅产业领域锐意进取、硕果累累的创业者。

杨幸注的创业历程，是一段不断求真务实、敢于创新的传奇故事。

　　他始终坚持从实际出发，不盲目跟风，不迷信权威，不生搬硬套前人的经验。他打破了南方气候湿热不适宜养蛋鸡的传统观念，敢为人先在粤西养殖蛋鸡并创造性地把蛋鸡场设在山顶上；在龙眼种植上他抵制住了市场热点的诱惑，狂热时不跟风，低潮时不放弃，并打破传统的种植方法，独创龙眼丰收的技法，取得了稳定的经济效益；他建造凤凰园时，不因袭传统园林的套路，坚持创新，因地制宜，与时俱进，走雅俗共赏的路子，最终大获成功。

　　本文学传记翔实记叙和生动描写了杨幸注三次创业的艰苦历程、辉煌业绩与求真务实、大胆创新的精神，感人至深，值得一读。

　　杨幸注的成功，在于他的创新能力，这源于他那种敢为人先的态度和勇气。他始终坚持从实际出发，注重实践、注重效果，不断学习和探索新的知识和技术。他善于审时度势，坚持求实唯实，勇于创新，这种精神值得我们每一个人学习和借鉴。

　　身处百年变局，时代日新月异。我们更需要像杨幸注一样发扬实事求是、不断创新的精神。只有这样，我们才能在竞争激烈的市场中立于不败之地，不断实现自己的创业梦想。

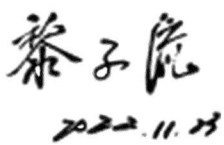

黎子流，曾任广州市市长。

序

练有月

  茂名高州，这片古老而神奇的土地，承载着一代代人的希望。它是"高凉文化"的发祥地，滋养出璀璨的文明，是我们心中的粤西明珠。八叔杨幸注的创业传奇，宛如粤西这串璀璨明珠中闪亮的一颗，熠熠生辉，令人赞叹。

  高州作为农业大县，是乡村振兴的广阔天地。这里有发展农业多种经营的天然优势和资源禀赋，"七山一水两分田"的格局，孕育出丰富多样的特色农产品。先辈们传承的农耕文化，滋养着这片土地。改革开放以来，高州市委、市政府在茂名市委、市政府的部署下，认真贯彻落实中央一系列"三农"政策，结合当地实际，因地制宜，发挥优势，如今形成了特色鲜明的农业产业。这些都为我们的乡村振兴筑牢了根基，让高州乡村振兴走在前列。

  在这片希望的热土上，八叔是我们农民企业家的杰出代表。他的创业传奇，是高州发展乐章中激昂的旋律。

八叔的创业历程，深刻融入了高州发展的脉络。从1991年的蛋鸡养殖起步，与国际合作并发展壮大，打造出全省规模最大的蛋鸡养殖企业。他没忘记乡亲，成立协会，带动一方致富，使家乡成为"家禽养殖专业镇"，为乡村产业发展树立了榜样。2007年，龙眼产业遇困，八叔挺身而出，创新技术，让龙眼果园重焕生机。2017年，古稀之年的他投资建设岭南凤凰园，这座园林依山傍水，独具魅力，成为文旅新亮点，带动文旅产业发展。

八叔的故事，是乡村振兴、广东省"百县千镇万村高质量发展工程"的生动教材。他展现出的艰苦创业、求真务实、勇于创新、勤劳致富精神，为高州儿女树立了标杆。在党的鼓励农民创业致富的政策措施引领下，八叔的传奇将激励更多人投身乡村建设，为乡村振兴注入强大动力，以科学种植、养殖和发展文旅产业为"百县千镇万村高质量发展工程"赋能，让高州大地绽放出更加绚烂的光彩，书写出更加辉煌的篇章。

如今，《八叔传奇》即将付梓，这是一份珍贵的精神财富。本书的作者，是我的同乡和学生。他勤奋好学，善于独立思考，有爱心和社会责任感，牵头为家乡捐资助学。从学生、知青、教师、公务员一路走来直至退休，坚持读书和写作。退休后热心公益事业，为社会做一些力所能及的事情。这本书是他在十万多字访谈笔记的基础上精心创作而成，力求真实而生动地记录八叔在高州这片土地上的奋斗历程，也展现了改革开放以来新农民勤劳致富、创新发展、诚实守信、促进共同富裕的时代精神。特别需要指出的是，作者对蛋鸡养殖、龙眼等果树种植和园林建设方面的专业理解，可为相关行业提供方法论的参考。改革开放时代是英雄辈出的时代。有言道："与凤凰同飞必是俊鸟，与高人为伍能登巅峰，与智者同行不同凡响。鸟随鸾凤飞腾远，人伴贤良品自高。"相信每一位阅读此书的人，都能从中汲取力量，为乡村振兴事业继续奋勇向前。希望这本书能在茂名大地乃至全国广泛流传，激励更多人追逐梦想，创造属于自己的传奇。

练有月

练有月，曾任茂名市委常委、秘书长，茂名市委常委、茂名市委组织部部长，茂名市人大常委会常务副主任。

引言

这里为您讲一位农民白手起家的故事。一个农民企业家的创业传奇。

茂名市高州人杨幸注（人称八叔）。一个地道的农民，七岁帮人放牛，十四岁初中一年级辍学参加田间劳动。两手空空时种植果树，橙子丰收的时节，杨幸注成为全县第一批三个"万元户"之一。

杨幸注每一次创业都堪称传奇。41岁三百元起步孵化鸡苗，养殖肉鸡。几年后滚雪球般赚了三百多万元；53岁逆市而上规模养殖蛋鸡，达产时每日产蛋100吨，成为全省蛋鸡大王；63岁在龙眼烂市时，接盘近4000亩龙眼果园，打破上千年的种植套路，独创丰收之技法；以74岁高龄跨界旅游业，打造现代园林岭南凤凰园，耄耋之年再度辉煌！

一个生肖轮回跃上一个创业台阶。杨幸注属猴。有人说杨幸注猴性十足，机智灵活，聪明过人，善于变通，喜欢追求新鲜事物，富有创造力。

杨幸注说，在改革开放的新时代，有党的惠民政策，每一个农民的荷包都可以涨起来。有人问致富经，杨幸注不说猴性，反而讲了"勤""俭""实"三个字……

几十年来晚八点睡觉晨四点起床劳作，亿元身家的老板睡鸡舍半夜铲鸡粪，是为"勤"。千万元身家时出差住客栈、睡大铺，如此"俭"。恪守好市莫追，烂市莫歇，人取我舍，人弃我取的法则，历次投资从未闪失。坚持一切从实际出发，不唯书，不盲目跟风，不迷信权威，不生搬硬套前人的经验，坚持创新，敢为人先。诚信为本，诚实待人。此为"实"。

八叔的故事有许多充满戏剧性的离奇事：

光棍村里的穷小子，竟被殷实人家看中结缘俏姑娘；寻求外资合作时竟在大排档只花70元宴请美方总经理，反而得到外商的赞许；不照搬教科书套路竟把鸡场建在山顶上起死回生；投数亿元造园林偏要自己当"设计师"，被园林专家赞为"不是专家的专家""没有章法的最高章法"；台风吹塌鸡场损失几百万元跑到山上拉二胡唱山歌；坚持在寒风凛冽中冬泳，骨折后在病床上练举哑铃……

八叔是一个有血有肉有个性的奇人。

在高州，八叔的故事家喻户晓。八叔的故事，是高州市的一张名片！

数亿农民的泱泱中华，几千年农耕社会摆脱贫困的梦想，终在改革开放40多年后圆梦脱贫，全体人民特别是农民把目光投向乡村振兴、走向富裕的道路。八叔故事的时代意义，就在于为亿万农民从脱贫走向富裕提供了清晰的预期和有效的方法论借鉴。

目录

第一章 凤凰园：八叔故事之窗

　　第一节　凤凰印象　/ 4

　　第二节　凤凰传奇　/ 10

　　第三节　凤凰飞翔　/ 18

第二章 为两餐打拼的穷小子

　　第一节　童年的贫困与纯真　/ 32

　　第二节　辍学不停学　/ 38

　　第三节　"有手有脚就饿不着"　/ 43

　　第四节　光棍村里的幸运儿　/ 49

　　第五节　榜登"万元户"　/ 53

第三章　蛋鸡大王

第一节　财富之路从养肉鸡起步　/ 60

第二节　改养蛋鸡的市场考量　/ 67

第三节　一张名片与美国蛋鸡大王的合作商机　/ 72

第四节　离经叛道的起死回生　/ 78

第五节　把鸡当孩子来养　/ 82

第六节　"养殖业的博士"　/ 87

第七节　让鸡蛋在流水线上流淌　/ 90

第八节　登上"终身成就奖"殿堂　/ 94

第九节　引领家乡成为"蛋鸡专业镇"　/ 98

第四章　八叔的园林梦

第一节　不停步的人生下半场　/ 106

第二节　园林梦从爱上盆景开始　/ 110

第三节　苹果树引出高人曾凡光　/ 117

第四节　一千八百个日与夜　/ 124

第五节　特别的园林施工队　/ 133
第六节　八叔的花艺匠心　/ 138
第七节　"不是专家的专家"　/ 142

第五章　果园之春

第一节　种果的"冷"与"热"　/ 160
第二节　不循常规的丰收之路　/ 167
第三节　从病床到果园的思路　/ 177

第六章　八叔精神

第一节　八叔的"勤"　/ 191
第二节　八叔的"俭"　/ 206
第三节　八叔的"实"　/ 217

后记　/ 248
作者简介　/ 252

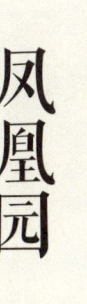

第一章
凤凰园 八叔故事之窗

粤西大地，历史文化名城高州，自古便是人文荟萃之所。

鉴江之水，千百年间悠悠流淌，宛如历史的见证者；宝光塔屹立数百年，默默翘望着这片土地的变迁。

时光荏苒，历史的时钟已悄然指向了二十一世纪。公元2022年1月22日，一个现代园林茂名市高州岭南凤凰园在新冠疫情肆虐的沉闷气氛中悄然问世。

亭台轩榭，错落有致；水石相映，美不胜收。烟雨朦胧间，整个园林仿佛笼罩在梦幻般的美景中。这般景致，本是江南所独有，但园主八叔将其巧妙地搬到了岭南，使得这处园林既独具岭南特色，又恍如江南，别有一番韵味。

更令人惊叹的是，这座园林竟是70多岁的八叔再度创业的辉煌成果。这位只读过几年书从未离开本土的民营企业家，凭借自己的智慧和双手，亲自设计、亲手打造了这片奇景。他投入巨资，将这片园林作为献给新时代的瑰宝，让人们在欣赏美景的同时，也能感受到他对园林艺术的热爱与执着。

岭南凤凰园，不仅是一处美丽的园林，更是一段传奇的佳话。它见证了八叔的坚韧、毅力和浪漫的想象，也展现了新时代民营企业家的风采与担当。

第一节

凤凰印象

让我们携手前行，共同探寻岭南凤凰园的奥秘。

园林正门前面，一座名为"一帆风顺"的巍峨的太湖石映入眼帘，它宛如一艘扬起风帆的巨轮，静静地驶向你的跟前，仿佛在默默地向你致意，祈愿你的人生事事顺遂，前程似锦。

而在左侧，一座名为"独占鳌头"的太湖石蜷伏着，水池中的神龟活灵活现，静中寓动，仿佛预示着如意吉祥的美好兆头，带给人无尽的温馨与祥和。

穿越迎凤桥，我们来到了园区正门的凤凰门楼。这座门楼以灰筒绿瓦为顶，叠式双层，飞檐翘角，尽显古朴典雅之韵。楼脊之上，是一幅幅精美的二十四孝图巨型砖雕，每

面都有檐柱支撑，上下设有回廊，上层则装饰着菱花格隔扇门窗，下层则是墨绿色的砖墙，显得古朴而庄重。门楼重檐正中悬挂着一块木质大门匾，上面书写着端庄大气的"凤凰园"三个红底黄字，熠熠生辉。

正门上，庄严地悬挂着一副对联，是由广东楹联学会会长邹继海亲自策划在全国征联而来。邹继海，广东省高州市人，曾任中共高州市委书记、中共阳江市委副书记、广东省文联专职副主席。自退休以来，发挥余热和专长，当选省文联主管的文化社团广东楹联学会会长。他亲拟下联"天南独秀凤凰园"，上联"岭外新翻花石韵"向全国联友征集得来，这副对联巧妙地概括了凤凰园的特色与风貌，让人对这座园林充满了期待与向往。在凤凰楼前，一座单孔拱券式的拱桥横跨水面，桥身两侧的格状桥栏上雕刻着精美的浮雕，仿佛诉说着一段段古老而美丽的故事。

凤凰楼的右后侧，静立着一座四合院式的"游客中心"，它与凤凰楼交相辉映，错落有致地分布着，共同构成了这片古香古色的建筑群。穿越凤凰楼的古朴门洞，一座座巍峨的太湖石映入眼帘。它们或似奇峰耸立，或如卧龙蜿蜒，又似石林绵延，成为连接整个景区的关键节点。这些巨石巧妙地串联起了凤凰楼、梦幻溶洞、鸳鸯湖、印月湖、凤凰飞瀑、音乐喷泉、双龙湖、观瀑亭、南越图腾、盘龙广场、金蟾谷、半山茶亭和"立体的山水画"等景点，共同打造出一个如梦如幻的园林奇景，让人目不暇接，流连忘返。

漫步其中，花廊、石径、浮桥、亭阁、轩榭、石林、青峰、戏台、长廊、瀑布、湖泊、盆景园等景致交相辉映，宛如一幅幅立体的画卷在眼前徐徐展开，令人心旷神怡，陶醉其中。而在这片园林之中，主题名木凤凰树、巨型盆景群以及各式各样的奇花异草更是生机勃发，绿意盎然，繁花似锦。它们以其五彩斑斓的色彩和独特的姿态，让人仿佛置身于一个梦幻般的仙境之中。此外，园区还汇聚了丰富的文化艺术元素。楹联、书画、诗词、木雕、砖雕、灰雕、图腾、园艺、国学长廊、农耕文化馆等，每一处都散发着深厚的文化底蕴和艺术魅力。这里仿佛是一个露天的艺术博物馆，让人在欣赏美景的同时，也能深入领略到中华文化的博大精深。

也许您已遍访广东四大名园，领略过它们的独特魅力；也许您曾游历苏州园林，陶醉于那江南水乡的温婉风情。而今，您又踏足广东高州的岭南凤凰园，心中或许充满好奇与期待：这凤凰园究竟有何独特看点？"仁者见仁，智者见智。"每个人眼中的风景都是独一无二的。那么，就让我们从不同视角去探寻、去品味这岭南凤凰园的韵味吧……

有人赞誉，凤凰园打破了传统园林以建筑为主体的模式，为数不多的亭、台、楼、阁巧妙地错落其间，展现出多元化的园林要素。园内高山流水、群瀑飞溅，营造出一幅幅壮观的自然画卷。更有那数百米长的钟乳石溶洞，仿佛置身于奇幻的水晶宫殿，为国内园林罕见。园区布局巧妙，组合片区纵深轮回，藏露有致，使人渐入佳境。观光道路迂回曲折，步行景移，每一步都仿佛踏入一个全新的世界，令人流连忘返。湖泊点缀其间，岸线蜿蜒曲折，浮桥穿梭其中，亭阁错落有致。巨树擎天而立，奇花异草装点着这片神奇的土地，每一处都充满了自然与和谐的气息，让人仿佛置身于一个梦幻般的园林世界。

又有人言，传统园林多建于平地之上，而凤凰园却选址于山谷洼地，充分利用园址的山势和峡谷地形特点，将景物立体分布。高山流水、山涧飞瀑与洼地花海、湖泊涟漪交相辉映，呈现出一种立体的景观效果。整体布局大开大合，高点气势恢宏，低处舒缓宁静，让人仿佛置身于一幅立体的山水画卷之中。

令所有人惊叹的是那巨型、众多的太湖石！这些太湖石形态各异、珍稀奇特。来自广州的游客黄先生赞叹道："这简直就是一个太湖石的博物馆！"的确，这些太湖石是构建中国园林的重要元素，但传统园林受历史条件所限，体量较小。而凤凰园则利用现代交通运输和机械化装卸条件，搜集了众多单体超百吨、高度十多米的太湖石，园内云集全国罕见的体量最大的太湖石高达40多万吨，分布在园区的各个重要节点，成为一道道独特的风景线。

更有人称道，凤凰园给人一种特别宽广舒坦的感觉，这与传统园林常见的封闭式结构截然不同。由于传统的园林大部分都是私家园林，园林的设计都会表现为精致、典雅、气派，和多种建筑物的层叠。但是凤凰园园主着意打造一个面向大众、开放式、雅俗共赏、老少皆宜的园林。园主从普通人的游览需求出发，精心打造每一处景观，让人们在欣赏美景的同时，也能感受到舒适与便捷。宽敞的停车场、方便的餐饮购物、舒适的休息长椅、遮荫的大树和藤廊、干净的卫生间……每一处都充满了人文关怀的气息。此外，凤凰园特别之处还在于它多元化的人文元素。园内设有文艺表演、国学长廊、农耕文化馆、民族图腾、诗词楹联、书法篆刻、绘画摄影、砖雕灰雕、大型盆景等丰富多彩的文化活动和文化展示。这些元素不仅让人们在视觉上得到享受，更在心灵上得到熏陶和启迪。

总之，岭南凤凰园以其独特的魅力吸引着无数游客前来探访。无论是自然景观的壮美还是人文元素的丰富，都让人流连忘返、回味无穷。在这里，您可以尽情领略园林艺术的精髓，感受中华文化的博大精深。

第二节 凤凰传奇

凤凰园之行，不仅是一场视觉的盛宴，更是一次心灵的触动，使得这片美景更添了几分传奇色彩。不少游客这样说，与凤凰园同样吸引人的是造园的人。八叔的故事，就是一个凤凰传奇！不少游客见不到这园林的主人八叔就不忍离开。

让我们把目光聚焦凤凰园园主、凤凰园的设计者，人称"八叔"的杨幸注！

杨幸注——

广东著名农民企业家；

广东省农业龙头企业绿杨集团董事长；

广东蛋鸡大王；

家禽养殖终身成就奖得主；

广东省劳动模范；

广东省政协委员；

茂名市人大代表。

现在，八叔又多了一个头衔——岭南凤凰园园主！

凤凰园是八叔第三次创业的杰作！

第一章 凤凰园 八叔故事之窗

走进凤凰园,就走入了八叔故事之窗。游客纷纷在古铜色大型浮雕《八叔创业图》前驻足,领略八叔创业历程:八叔专注农业产业几十年,从养殖肉鸡赚了几百万元起步,打破广东不能养殖鸡蛋的魔咒,成为全省蛋鸡养殖的龙头企业,带动家乡以及粤西地区养鸡奔康致富;经营龙眼果园近四千亩,攻克了专家都未能解决的龙眼年年丰产的难题。现又以七十多岁高龄跨界园林景观建设大获成功。八叔的创业传奇令游客们赞叹不已并深受鼓舞!

吸引游客驻足的《八叔创业图》

进入凤凰园,您往往与凤凰园园主八叔不期而遇。

有一次,某中学同学会一行人团聚凤凰园。只见八叔一袭农夫的穿着,头戴一顶旧草帽,身上的衣服带着些泥土的痕迹,脸上挂着憨厚朴实的笑容,眼睛里透着热情,他大步流星地走来,一边伸手招呼,一边爽朗地笑着说:"欢迎啊,今天园子归你们啦!"

大家有些惊讶，其中一位同学好奇地问道："您就是八叔呀？这园子都是您一手打造的呀？"八叔挠挠头，咧嘴一笑，轻声笑语地回答："哈哈，是啊，我就是八叔，这园子是我弄的，就想让大家能有个舒心的去处。"

另一位同学敬佩地看着八叔，感叹道："八叔，您可真厉害啊，从搞养殖到建这么美的园子。"八叔听了，眼睛笑得眯成一条缝，摆摆手说："哪里哪里，我就想着在农业上能干好，这园林也能做好，摸爬滚打出来的。"

八叔虽在蛋鸡养殖等农业领域取得巨大成就，但由于素来低

八叔与游客分享创业的故事

调，话语不多，言辞简朴，八叔的传奇故事并未为大多数人所知。而今更多的人则透过凤凰园这扇八叔故事的窗口，亲身感受到八叔故事的魅力。

八叔一边说着，一边热情地带着大家往园子里走，还时不时地回头看着一蹓长长的队伍有没有跟上，嘴里不停地说着："大家跟紧咯，园子里好玩的可多着呢！"

的确是这样，八叔是一位和蔼可亲的老人，是一位有故事的长者。凤凰园也是一个有故事的园林。

有人把八叔从养蛋鸡到创建凤凰园的蝶变，形容为"从雌鸡变凤凰"，一时传为佳话！

八叔几十年专事养殖、种植的农业项目。在农业可持续发展的基础上，转攻园林同样大获成功！从以鸡蛋产业奉献人们物质营养，升华到以园林文化的精神产品满足人民日益增长的对美好生活的需求，八叔踏准时代发展的节奏，演绎了从"雏鸡"变"凤凰"的升华。

这也许是八叔把园林命名为"凤凰园"的寓意吧。

如今，八叔的园林事业已经取得了骄人的成绩。他的园林作品不仅美观大方、富有文化内涵，还兼具生态环保、可持续发展的特点。不仅为人们带来了视觉上的享受，更为人们提供了心灵上的慰藉与滋养。

八叔为了构思自己的园林梦，踏遍了国内外的知名的园林景观，每一处都留下了他探寻的目光和深思的足迹。往时，走进园林对于专攻农业几十年的八叔，就像刘姥姥进了大观园……自从有了园林梦，八叔的游历可不是走马观花看热闹那样了。他逐步悟出了传统园林的门道，对其还有着自己的理解和看法——中国传统园林经历了较长时期的发展，逐渐成熟定型，是中国传统文化的重要结晶和生动表现。他认为应该将传统美学和现代审美理念相结合，打造出既具有传统韵味又符合现代审美需求的园林作品。

多次游览国内的园林后，在八叔的眼里，封建时代的私人园林多以亭台楼阁等建筑为主，大多辅以湖、石、林、草等景物。建筑极其奢华，布局颇为精巧，用料甚为考究，工艺无比精湛。多采用封闭式结构，私密性强。创园宗旨无非是供帝王将相、达官贵人、商贾财主们孤芳自赏，满足光宗耀祖之欲望。八叔说，传统园林可供人借鉴，但不是我心目中要建的园林。

高州历史文化源远流长。南朝梁大同元年（公元535年）设立高州，明洪武元年（公元1368年）设立高州府，为广东下四府之首，为粤西的政治、经济、文化中心，是"高凉文化"的重要发源地、兴盛地和传承地，素有"广东四大文教之乡"之美誉。古有高凉古城、冼太庙、观山寺、潘仙观、南皋学舍、宝光塔、艮塔、文光塔、文笔塔、马贵石门、南宫庵群、高凉岭风景区、安良堡梁氏大宅等数不胜数的名胜古迹。近代现代有潘州公园、仙人洞、浮山岭风景区、玉湖风景区、天鹅湖旅游区、平云山风景区、三官山风景区、鹿湖顶风景区、粤龙山、摩天小镇、佛子禅院、大唐荔乡、杏花村、古郡水城、"鉴江印象"等著名风景区。高州更有内涵深长的传说，比如古承根子贡园之韵，今扬大唐荔乡之名，地方特产载文化一脉相承。八叔说，如今要在高州这串名胜景区的珍宝链条上增添一颗晶莹夺目而又异乎寻常的明珠，为潘州古城拓展更新的元素，为茂名地区乡村振兴、文旅发展增添亮点，成为吸引中外游客的一个名胜景区，从而实现自己的园林梦并由此得到升华。

八叔坦言，中国园林源远流长，分布广泛。但是如果复制一个传统的园林，已没有多大价值。

八叔要圆一次自己的园林梦。梦是用来畅想的，梦是拿来突破的。八叔决心要以创新为主轴，倾力打造一个有时代特点、杨氏个性的、大众化的园林。八叔打定主意：自己构思，自己设计，亲自动手施工，以建造自己心目中有特色的风景园林！

八叔深知，创新是园林艺术发展的不竭动力。他既要继承传统园林的精华，又要融入现代设计的理念，使园林作品既具有深厚的文化底蕴，又不失现代感。为此，他深入研究传统园林的造园手法和审美观念，同时关注现代园林设计的最新动态和趋势，力求在设计中找到传统与现代的完美结合点。

在构思和设计过程中，八叔充分发挥了自己的想象力和创造力。他巧妙地将山水、奇石、植物、建筑等元素融为一体，通过合理的布局和精心的搭配，营造出一种自然、和谐、宁静的氛围。同时，他还注重园林的实用性和功能性，使园林作品既美观又实用。

为了将设计变为现实，八叔决定亲自动手施工。他带领团队从选址、规划、施工到后期维护，每一个环节都亲力亲为，确保园林作品的品质和效果。在他的带领下，团队克服了种种困难，最终打造出了一座独具特色的人文风景观园林。

这座园林不仅继承了传统园林的精髓，更融入了现代设计的理念，成为当地一道亮丽的风景线。它吸引了众多游客前来观赏，也成为人们休闲、娱乐、放松的好去处。八叔的园林梦终于变为现实，他的创新精神和坚韧毅力也赢得了人们的广泛赞誉。

八叔说建园林追求的目标就是：为平民百姓所喜闻乐见；为每家每户老少皆宜，为不同审美需求的人所雅俗共赏。八叔说，要以凤凰园为窗口，与父老乡亲共游同乐，与志同道合的朋友交流创业的经验和创新的时代精神。以这样的园林作品和这样的方式回报社会，回报新时代！凤凰园做到了——凡是游过凤凰园的人，都说凤凰园是平常人方便出游、休闲娱乐的好去处！凤凰园在网络上风行。其中有一段这样的描述——

凤凰园真啱（啱，广东话合适的意思）睇，要乜有乜；要饱眼福的，有园林美景，各花入各眼；小孩要嬉戏的，有儿童游乐场；后生要摄影的，举手投足就是美景；姑娘爱美，奇花异草任你赏；老人走累了，随处可休憩安坐；要长知识的有国学长廊；要返璞归真的，有农耕博物馆；要饱口福的，各种美食任你选；要体验创业门道，励志后生的，有八叔故事！

一家人，其乐融融，不亦乐乎？

有人说，凤凰园有诸多看点，但最有魅力、最经久的看点，就是园主故事的加持，园主精神对游客的启迪和激励。

"听八叔故事，赏奇园奇景"不仅是一句广告词，也是吸引游客的最大亮点。

游客李先生这样说：多次游览苏州著名园林和广东四大名园，但对园主知之甚少，甚至说不出园主的名字。但入凤凰园的人都知道园主八叔和他的传奇故事！

当前经济增长乏力，就业不易，创业艰难。不少人多次携带儿孙走进凤凰园，就是为了再次聆听八叔故事，以励志人生，树立直面困难的勇气，激发晚辈的创业创新精神！

透过凤凰园这个窗口，您可以聆听到八叔创业的故事。其创业的艰辛，成功的喜悦，不经意地与您心生共鸣；八叔的精神，令您感受到心灵震撼和智慧的启迪。

确实是这样，园主精神是凤凰园的"魂"！正如著名园林专家高伟指出，岭南凤凰园传承了岭南园林的传统精神，融合园主的创新理念，结晶成"八叔的故事"和"八叔的精神"。园林的核心是园主的故事，因为有了园主故事的加持，园林才更加充满了人文精神。

第三节

凤凰飞翔

"凤凰园开园了!"

2022年春。一个阳光明媚的周末,早已被新冠疫情憋坏了的李老先生一家爷孙三代,终于迎来了久违的出游机会,他们兴致勃勃地踏上了前往岭南凤凰园的旅程。

李老先生,一位退休的中学历史教师,长期的教学生涯在他身上沉淀出一种儒雅的气质。他头发花白,背微驼,走路有点蹒跚。但他满心期待着带领一家人到凤凰园一睹究竟,不觉加快了脚步。他的儿子李平,一位身材魁梧的民营企业主,又是热爱自然的业余摄影爱好者。李平的妻子王莉,脸庞圆润,透着温和的气息,眼睛里总是带着对园艺的热爱。孙子小宁和孙女小红,就像两只活泼的小兔子,蹦蹦跳跳地进了园子。

一踏入凤凰园,小宁和小红搀扶着爷爷钻溶洞,穿石林,赏奇石,读碑文……只见园内游人如鲫,鸳鸯湖畔,一群穿着汉服,摇着花扇的姑娘嬉闹追逐,一会儿倚石弄姿,任人拍照;一会儿追逐着飞舞的蝴蝶,相互嬉戏;一会儿轻抚着盛开的花朵,笑声清脆悦耳。阳光透过树叶的缝隙洒在她们身上,仿佛给她们披上了一层金

第一章　凤凰园　八叔故事之窗

色的光环。她们的动作轻盈优雅，仿佛与这园林的美景融为一体，构成了一幅动人的画面。小宁和小红也加入嬉戏的行列，蹦蹦跳跳的身影成为画面中的焦点。

来到开阔的凤凰广场，只见凤凰园的主题树凤凰树红花盛开，一团团一簇簇的凤凰花犹如跳动的火焰，燃烧着、舞动着……在这片花海中，每个人都被这热烈的氛围所感染，令人激情澎湃。凤凰花的美丽不仅仅在于它的外观，更在于它所传递的那种热烈、奔放的精神，与凤凰园的热情好客相互呼应，让人感受到无尽的温暖和喜悦。

一家人在凤凰亭小憩一会儿，来到凤凰池。只见唐代诗人白居易的名篇《双石》被镌刻在一块太湖石上："回头问双石，能伴老夫否。石虽不能言，许我为三友。"爷爷说："凤凰园的镇园之宝是太湖石，那些石头不能和我们说话，但白居易的《双石》赋石头予灵性，石头代表园主，也能成为我们的知心好友！"大伙回味着诗意和爷爷的解读，再端详着表面冰冷刚硬的太湖石，它仿佛瞬间有了灵性：坦然自若中充满坚强和自信；沉稳内敛中透着乐观的情怀。每一块太湖石的独一无二，彰显了鲜明的个性和创意。它们不仅体现了自然之美，也蕴含了中国传统文化中对自然美的追求，从自然美中陶冶真善美的情操。

爷爷特地带着孙儿们参观农耕博物馆，爬犁、锹锄、风柜、石磨、织机、棕衣，还有电动模拟的人工推磨场景……传统农耕用具和农业生产场景——展现。孙儿们直观感受了传统农村生活气息，联想到了过去的农业生产情境，表示要继承和发扬劳动人民的传统美德，珍惜现在的幸福生活。

一家老小在国学长廊前驻足，他们被那些古老的诗词所吸引。

爷爷指着长廊一块牌匾上镌刻的古文，问小红，你会念吗？小红高昂着头大声说，爷爷我背您听："子曰：益者三友，损者三友。友直，友谅，友多闻，益矣……"爷爷说："会背很好，还要知行合一。孔子认为有益的交友有三种，同正直、诚信、见闻广博的人交友，这才是有益的。"小宁又天真又似懂非懂地说："那我要爷爷做我的好朋友！"爷爷笑着说："我们爷孙是忘年的朋友。而园主八叔更是值得引为我们年轻一代的忘年的朋友，一位亦师亦友的长者。"大家会意地跟着爷爷乐呵呵地大笑起来！

一家人还在戏台里看到一众游客围着一位长者，原来是园主八叔在讲自己三次的创业的故事。大家被八叔的财富和精神演变之路深深吸引。

第一章 凤凰园 八叔故事之窗

李平特意留了下来，有点焦急地等待众人散去后，脸上带着一丝期待与八叔进行深入交谈。他皱着眉头，语气略显沉重地倾诉着："八叔啊，我这经营劳保手套加工出口企业，越来越觉得艰难。您也知道，这几年人工成本不停地往上涨，招工也是难上加难，高州地区的很多手套加工厂都倒闭了。我这企业现在也是进退两难，我常想该不该放弃，现在真不知道该咋办了。"

八叔听后，淡然一笑，眼神中透着从容与淡定。他缓缓地靠在椅背上，语气平和地说道："我这一路走来，那也可是坎坷不断啊。我种橙，果子即将成熟而遭病害几乎失收，养鸡时一日病死几千只鸡。但从未想过放弃。我是农民出身，农民的坚韧让我硬撑下去。"

"在创业中，当你像农民一样去耕种自己的土地时，不会因为庄稼长得不好而垂头丧气，更不会在庄稼长成之前将其连根拔起，而是想着法子去除虫、施肥，清除杂草。"八叔微微抬起头，眼睛看向远方，像是在回忆往昔，"那时候的困难，比你现在可只多不少，但叔就是靠着一股坚定的信念，咬着牙坚持，这才走到了今天。"八叔拍了拍李平的肩膀，语重心长地说："你要知道，越是在逆境里坚持，就越能发现隐藏的商机。我给你说啊，早在十多年前，我就看出来劳动密集型产业面临的挑战，那时候就果断转型，投资进行蛋鸡养殖的智能自动化升级。你看现在，只需要以前十分之一的员工，就能创造出高出两倍的产值。"

李平眼睛里闪烁着光芒，原本紧锁的眉头渐渐舒展，他激动地说："八叔啊，我今天本来是来旅游放松的，真没想到能碰到您这样的智者，给我指点迷津啊。"他坐直了身子，认真地听着八叔的故事，心中的疑虑和困惑仿佛随着八叔的话语一点点消散。他用手轻轻托着下巴，像是在思考着什么，突然，他的眼睛一亮，心中似乎明白了一个道理："八叔，我懂了，创业就像一场耕种，我要以千百年来农民的坚韧，去改变去拯救我的企业。只要有足够的前瞻性、韧性和创新精神，就一定能够找到突破困境的转机。"

午餐时间，一家人在凤凰园餐厅休息。李老先生端起茶杯，轻轻吮着茶香，脸上满是惬意，意味深长地说："这凤凰园啊，可真是个好地方，水也特别好，喝了能让人变聪明呢！"李平接着说："是呀！这地方集自然美景、人文艺术和励志教育于一体呢。来这儿游玩的人啊，都能得到审美的愉悦和心灵的启迪。"

王莉眼睛亮晶晶的，带着认同的神情笑着说："爸，您说得对。这凤凰园不仅水美景美，还能解人忧愁，确实是一个适合全家人来的好地方。"

李平则激动得身体微微前倾，眼睛闪着亮光，声音提高了几分："你们看这凤凰园，可不仅仅是一片美丽的园林，还能治人心病呢"

午餐后，一家人齐聚在延伸至鸳鸯湖中央的追风廊坐下。只见对面山顶上茶亭矗立，山涧无数组瀑布，层层叠叠，蜿蜒逐级而下。那雪白涌流在绿荫中时隐时现，飞溅而下，发出轰隆的声响。

王莉眼睛里透着惊叹，手指着瀑布方向，大声说："看呐，这瀑布可真是壮观，真是一派独特的群瀑奇观啊！"

大家离开鸳鸯湖接着游玩。他们过廊桥时，王莉扶着栏杆，眼睛好奇地四处张望；踏上浮桥时，小宁和小红像两只活泼的小兔子，蹦蹦跳跳地走在摇晃的桥面上，嘴里还喊着："真刺激，真好玩哦!"登上亭台时,李平站在亭台上,张开双臂,迎着风大声呼喊:"凤凰园的美景尽收眼底啦!"王莉蹲下身子,轻轻抚摸着花朵,脸上满是喜爱,轻声说道:"这些花可真娇嫩啊!"

不知不觉,夜幕降临。一家人漫步印月湖畔。静谧的水面上,音乐骤起,水柱飞腾。喷泉在悠扬的乐曲中,像婀娜多姿的少女翩翩起舞。伴随着音乐的高低起伏,音乐喷泉的舞步也时起时落。玲珑剔透的水柱溅起了一朵朵斑斓的水花。一阵风吹来,水珠溅落在脸颊,令人顿觉惬意。

音乐喷泉渐入高潮。小宁兴奋地跳起来,拍手欢呼:"哇,这喷泉太酷了!"小红也满脸笑容,眼睛紧紧盯着喷泉,说道:"我还想再看一会儿呢!"

走到凤凰园出口时,李老先生再次浏览了一下导游图,发现门楼二楼有"二十四孝图"砖雕，他不顾腿脚的不便和疲惫，决然带着一家人登上二楼。众人的目光立刻被那精美的二十四孝图砖雕所吸引。李老先生眼睛里满是惊喜与感慨，他凑近砖雕，伸出微微颤抖的手指着那些栩栩如生的有故事的画面，边驻足观赏边解说起来：

"这24幅砖雕生动地展现了二十四孝的场面，它们以历代二十四个孝子为主角，从不同角度、不同环境、不同遭遇中，展现了他们虔诚行孝的感人场景。这些砖雕不仅是古代以'忠孝'为核心的伦理道德和社会规范的重要体现，更是对中华民族传统美德的传承和弘扬。凤凰园在主楼设置如此精美的二十四孝砖雕，不仅充满艺术性，更是对传统文化的深度挖掘和精彩呈现，实在值得观赏！"

两个孩子小宁和小红，眼睛里满是好奇，可没一会儿就有些待不住了，小宁扭了扭身子，小红则开始左顾右盼。没等爷爷说完，他俩就转身想下楼。这时，李平一把拉住他俩，眉头微皱，表情有些严肃："你们告诉我什么叫'孝'？"小红眨了眨大眼睛，歪着头想了想，脆生生地说："孝就是对爷爷、对爸爸妈妈好呗！"王莉走上前，蹲下身子，温柔地看着两个孩子，眼睛里满是慈爱："你说得对，但是爷爷还在这儿观赏呢，你们不说一声就要先走，有没有想过照顾爷爷下楼呀？孝可不是只说说，要从具体的小事做起。咱们看这二十四孝砖雕，就是要学习古人是怎么尽孝的，知道怎么在生活里照顾长辈。"小宁和小红听了，不好意思地低下头，乖乖地站到爷爷身边，认真地看着二十四孝砖雕的每一个画面，小宁还时不时抬头看看爷爷，眼睛里充满了敬意，也有一丝歉意。

游园快结束了，游兴未尽的一家人赞叹不已，感想脱口而出。

王莉边走边用手指着周围的花卉布局，眼睛里满是欣赏，带着陶醉的语气赞叹道："这里的园艺设计真是让人赏心悦目，我还得常来体验。"

李平则低着头，手指在手机屏幕上快速滑动，忙着整理他拍摄的照片，脸上洋溢着喜悦，嘴里嘟囔着："今天拍了好多好照片，晚上一定要好好在微信上晒一把，让凤凰园像凤凰一样飞翔起来！"

小宁和小红拉着爸爸妈妈的手，一边摇晃着，一边兴奋地嚷着："不要那么快回家嘛，我们还要再来凤凰园玩呢。"他们心中深深感受到了凤凰园的魅力所在，它不仅是一个美丽的园林景区，更是一个充满人文精神和励志教育的地方。

园林专家们同样对凤凰园赞赏不已。2022年6月，广东园林学会考察凤凰园。岭南凤凰园以其独特的设计理念和场景效果，赢得了权威专家们的一致好评。华南理工大学建筑学院风景园林系主任、教授、博士生导师林广思表示："岭南凤凰园以其别具一格的设计，汇聚了各类雅俗共赏的艺术元素，堪称园林艺术的杰作。它巧妙地将传统与现代、自然与人文相融合，展现出了独特的岭南园林风貌。"华南农业大学林学与风景园林学院风景园林专业主任、教授、博士生导师高伟指出，凤凰园是创新的成果，并称八叔为"没有专家头衔的专家"。他强调，凤凰园的设计突破了传统园林的局限，展现了八叔非凡的创新精神和造园技艺。广东省建筑设计研究院城市与景观设计研究所所长古旋全则这样点评："凤凰园摒弃了传统的套路，依势大山大水构建出别具一格的园林景观。它充满了民间的气息，展现了本土和民族式的园林创新。这种看似没有章法的设计，实则是没有章法的最高的章法，展现出了园林艺术的无穷魅力。凤凰园开园仅仅一年多，就被评为AAA级旅游景区。"

广东园林学会专家视察岭南凤凰园。前排右2为华南理工大学建筑学院风景园林系主任、教授、博士生导师林广思，前排右1为华南农业大学林学与风景园林学院风景园林专业主任、教授、博士生导师高伟

凤凰园在茂名市的旅游发展中占据了举足轻重的地位，不仅荣获茂名市旅游网红景区的称号，更成为茂名市研学旅行实践教育基地和中小学生研学实践教育基地。这充分体现了凤凰园在推动茂名市旅游业和教育事业融合发展方面的积极作用。

作为高州市的重点建设项目工程，凤凰园不仅为当地经济发展注入了新的活力,也为市民和游客提供了一个优美的休闲场所。园内丰富的自然和人文景观,使其成为摄影、写生和文学创作的绝佳之地。因此,凤凰园也相继成为茂名市和高州市摄影家协会、写生学会、青年作家协会的创作基地,吸引了众多艺术家和文学爱好者前来采风创作。

此外,高州岭南凤凰园被认定为广东省园林学会盆景赏石专业委员会委员单位、广东省园林学会理事单位、茂名市旅游产业商会理事单位、高州市旅游协会常务副会长单位。凤凰园在促进茂名市旅游产业的合作与交流方面也发挥了积极作用。

凤凰园以其独特的魅力和丰富的内涵,成为茂名市乃至广东省的文旅产业一颗璀璨明珠,为当地经济、文化、教育等多方面的发展做出了重要贡献。

八叔坚持创新,使凤凰园成为"雅俗共赏、老少咸宜"的园林景观,满足新时代人民对美好生活的追求的创园宗旨已得到充分体现!

数据显示,凤凰园得到旅游业和广大游客的青睐。开园一年多,已被十多家旅行社列入旅游的目标景点,入园人数近200万人,其中研学游师生30多万人,成为粤西乃至华南地区最热门的旅游景点之一!游客来自省内外,包括河北、山西、辽宁、吉林、黑龙江、江苏、浙江、安徽、福建、江西、山东、河南、湖北、湖南、广东、海南、四川、贵州、云南、陕西、甘肃、青海、内蒙古、广西、宁夏、新疆以及台湾、港澳等地区。还有马来西亚、新加坡、英国、美国、加拿大、肯尼亚、乌克兰、越南、俄罗斯、日本、塔吉克斯坦、苏丹、泰国、缅甸、巴基斯坦等国家。不少游客多次入园，乐而忘返。不少家庭扶老携幼，把凤凰园作为家庭聚会地。

国际友人盛赞凤凰园

让人意想不到的是，还有一个凤凰园的粉丝，竟是园主自己！一天清晨，八叔迎着园区林涧透射出的第一缕阳光，一遍又一遍地漫步、环走、端详，突然被自己的园林作品惊到了！梦想与收获，岁月与憧憬，满足与遗憾，酸涩与甜蜜，在胸中交替轮转。此刻的八叔热泪不由自主地涌流，忽而对自己陌生起来，恍如身处梦境：一个出身低微的人，一个只读过几年书的农民，一个七十多岁的老头，一个事业有成该安分一点的生意人，怎么会有如此大的勇气和决心，怎么就大发少年狂，做出这番被有的人指为"捅破天"的事情来呢！

八叔的故事告诉我们，无论出身如何，无论年龄多大，只要有梦想和勇气，就能够创造出属于自己的精彩人生。他的坚持和努力，不仅为自己赢得了荣誉和尊重，也为社会带来了更多的美好和正能量。

如今,凤凰园已经成为一个老少皆宜、雅俗共赏的著名旅游景点。它以其独特的魅力吸引着越来越多的游客前来游览,成为人们乐而忘返的胜地。

"凤凰"真的飞起来了!

第二章
为两餐打拼的穷小子

第一节 童年的贫困与纯真

1944年,杨幸注出生在广东茂名高州大井的一个普通人家。

杨幸注的家乡也算是风水宝地。当地杨姓家族在近现代史册上占有一席之地的当属杨颐和杨永泰。

杨颐于清同治四年从边远的南粤赴京参加科举考试,成功考中第44名进士。光绪年间,先后任顺天府丞兼学政、都察院左副都御史、兵部左侍郎、工部左侍郎。在任职期间,他广招人才,并敢于弹劾徇私舞弊或贪赃枉法的大臣。他是高州历史上的著名人物,主要成就包括修纂国史和主持修建北京胜迹。因此,家乡人为纪念他在他的故乡广潭村建了一座杨颐纪念馆。

杨永泰,杨颐之侄孙。广东高州大井镇大坡山村人,民国政学系的巨人,被称为"当代卧龙"。早期在上海创办《正谊》杂志,并与兴中会创造人黄兴等组织欧事研究会,探索救国之道。先后任护法军政府财政部部长、广东军政府财政厅厅长、广东省省长。后为国民党政权的高级智囊,投机取巧走向了反面。

杨颐、杨永泰年少时饱读诗书。杨幸注少年时,肚子没填饱,更没读过几年书。倒是传承了乡里杨颐等显赫人物在苦难中不安于现状、奋起挑战命运的坚定信念和顽强意志。凭着这样的信念和意志，在改革开放的大潮中创下卓越的业绩。杨姓人家跻身农民创业致富现代史册的当属人称八叔的杨幸注！

大井镇清垌村新屋队中间竹林旁一幢低矮的三开间泥砖瓦房，另加三间做厨房的走廊房，那便是杨幸注母亲和三兄弟的家。

八叔的农村旧居

从记事起，小幸注就没见过父亲。小时候，他常常眼巴巴地看着邻家小伙伴趴在父亲背上"骑大马"，小手紧紧拽着父亲的大手去逛大街、看大戏，眼神里满是羡慕。

有一天，小幸注终于鼓起勇气，眼睛里带着一丝期待又有些害怕，轻声问母亲："妈妈，我爸爸呢？我有没有父亲呀？"母亲听到这话，瞥了一眼小幸注，马上转过头去，身子微微颤抖起来。小幸注抬起头，看到母亲眼中含着泪花，正强忍着不让泪水掉下来的模样，顿时害怕了，抿着嘴唇，再也不敢问这样的话了。

后来，小幸注才得知，在他4岁时，父亲跟随远房亲戚去了香港，后来在香港务工。由于新中国成立后香港和内地没有任何交往，凡是港台人士都被视为"敌对分子"。所以父亲和家里完全失去了联系。

据远房亲戚说父亲在1966年去世，一生清贫，孤独一人在香港病逝。

母亲在清垌村独自撑起家庭的生计，生活变得极为困苦。

当被问及那时的境遇时，八叔嘴唇微微颤抖，眼神有些黯淡，只简单地说了一个字："穷！"小幸注懂事时新中国刚成立，虽然看到好日子的希望，但生活仍是一穷二白，尤其是在这偏僻的小山村。

有一天，七岁的小幸注打完猪草回来。和往常一样，屋前的柴堆上晾晒着几件洗得发白的破旧粗布衫。屋西侧是一个用木栏围着的猪圈，几只小猪围着一头老母猪，"哼哼唧唧"地抢着吃奶。

母亲看到小幸注回来，脸上带着疲惫的笑容，声音有些沙哑地说："幸注，吃苦了，等过一个多月卖掉猪苗，就有钱给你添两件新衣服了。"小幸注眼睛一下子瞪大了，满脸的不敢相信，仿佛听到了什么天大的喜讯。要知道，他已经七岁了，还没穿过新衣服，总是捡哥哥的旧衣服穿，破了妈妈又缝又补。

除了下地干活，母亲还要打柴、淋菜、喂猪、煮饭……小幸注就帮着干挑水、淋菜、打猪草等家务活，好让妈妈有空做一家子的饭。

第二章 为两餐打拼的穷小子

所谓"饭"并不是大米饭,而是番薯、青菜和着一把米熬的一窝杂粮粥。偶尔吃上一次干饭,孩子们就像过年一样开心,眼睛里闪烁着兴奋的光芒,嘴巴咧得大大的。

有一次,母亲劳累过度突然晕眩,脸颊瞬间没了血色。小幸注着急得眼眶都红了,声音带着哭腔,大声喊道:"妈妈,您一天忙到晚,又没什么吃的,我给您煮个鸡蛋吧。"妈妈虚弱地靠在墙边,摆摆手,有气无力地说:"不要!我还好。"

这回小幸注没听妈妈的,眼睛里透着一股倔强,转身就去打了一个鸡蛋。随手要把蛋壳扔了的时候,妈妈急忙伸手一把拦住,用手指把蛋壳里仅存的一点蛋清抠到碗里。幸注眼眶一红,鼻子一酸,声音有些哽咽地对母亲说:"我以后一定养很多很多的鸡,让您有吃不完的鸡蛋。"母亲看着懂事的儿子,脸上露出欣慰的微笑,眼里满是慈爱,硬是把蛋汤分了一半给儿子,脸上仿佛现出一抹红晕,虚弱地说:"儿子,你也吃,你还在长身体呢。"

有一次,邻村的杨承友伯伯心急火燎地赶来,额头上满是豆大的汗珠,他的眼睛里透着焦躁,声音都有些发颤地说道:"我家的牛不见了!"小幸注母亲看着杨伯那慌张的模样,一脸真诚地对杨伯说:"幸注七岁了,很多农活都会干,要不给你家放牛吧,给他两餐饭吃就行。"

杨伯听闻,转过身,眼睛里带着一丝疑惑打量着瘦小的小幸注,皱着眉头问:"你得?"小幸注一听有饭吃,眼睛瞬间亮了起来,他使劲地点着头,急切地大声说道:"得!"

临走时,母亲拉着小幸注的手,眼睛里满是慈爱与严肃,认真地叮嘱道："一定要好好做，要对得起主人家，我们祖上从来没有做丢人的事。"小幸注乖巧地使劲点头，请母亲不要挂心。

到了杨伯家，杨伯微微叹了口气，脸上带着一丝无奈，缓缓地说："我们家的日子也不充裕，但饭是有得吃的。"对于小幸注来说，有饭吃已经是天大的事了，他的脸上洋溢着抑制不住的喜悦，心里别提有多高兴了。

七岁的放牛娃，日复一日地与大水牛相伴。每天清晨，无论是酷暑还是风雨交加，小幸注如往常一般牵起大水牛走向山上熟悉的草地。一路上，只有自己的脚步声和牛蹄踏在土地上的闷响。看着大水牛默默吃草，放牛娃坐在一旁，却无人可语。曾经觉得嫩绿的草地，如今也显得有些单调。

中午，阳光炽热，放牛娃看着大水牛安静地卧在小水塘里。他多希望此刻能有个小伙伴一起玩耍、一起欢笑，而不是只有这不会说话的牛儿作伴。他轻轻抚摸着牛的脑袋，心中的孤寂却无法驱散。

早春二月的一天，已是阳光明媚。小幸注把牛赶上一片山坡，遇见几名自己村里的小伙伴。伙伴们的到来，打破了小幸注往日的孤寂，大家就在山坡上玩起了丢圈的游戏。孩子们的笑声在空气中飘荡。远处传来布谷鸟婉转悠扬的叫声，山坡尽头，一群小鸟在草地上蹦蹦跳跳……时间过得真快，小幸注完全沉浸在这份温馨纯真的快乐中，却忘记了杨伯要他每天收工时做的事——铲一担草挑回牛栏喂牛。当太阳西下，他赶着牛回到了主人家，突然意识到自己空手而归。那一刻，他的心沉了下来，脸上的笑容消失了，感到深深的愧疚。

小幸注不好意思面对杨伯，他觉得自己没有完成主人交代的事就不配得到饭吃。于是，他躲进了牛栏的一个角落，心里充满了自责，后悔自己贪玩误事，内心非常不安。

这边杨伯发现小幸注不见了，开始在村子里四处寻找。最终，他在牛栏里找到了蜷缩在角落的小幸注。杨伯看着这个弱小的身影，眼中充满了慈爱和怜悯："孩子，出来吃饭吧，大家都在等你呢"，主人温和地劝说道。小幸注抬起头，眼中含着泪水，嘴唇哆嗦着，却说不出话来。杨伯轻轻地拍着他的背，安慰道："每个人都会犯点错，你一直都是个乖孩子，不要因为少铲一担草就这样为难自己，连饭也不吃了。"

那一刻，小幸注深深感受到了主人的善良和宽容，内心的不安逐渐平复下来，挪着小碎步跟着杨伯走出牛栏，心中既感激又懊悔。杨伯为小幸注盛了满满的一碗大米饭，眼中充满了怜爱，赞叹道："你这么小就懂得面子比肚子还紧要。"

这次经历让年幼的小幸注深切体会到，只有诚实和责任，才有做人的体面，也让他明白了只有这样，才能赢得别人的认可和尊重。同时，他也感受到了人间的温暖和宽容，这让他在困苦的生活中看到了希望的光芒。

第二节

辍学不停学

1958年，年仅14岁的小幸注只读了半年初中就辍学了。每当被问及学历，他只能黯然回答自己是小学毕业。

家境的贫寒使得入学读书成为他遥不可及的奢望。每当他站在家门口，目睹同龄的伙伴们欢快地走进校门，内心充满了无奈和渴望。他常常默默地坐在窗前，眼睛遥望着远方学校的方向，仿佛能听到那里传来的欢声笑语和琅琅书声。

夜幕降临，劳作了一整天的小幸注躺在破旧的床上，很快睡着……他来到了那个陌生的教室，听到老师亲切的招呼和同学们欢迎的掌声。他一边向老师同学点着头，一边有点羞涩地坐在座位上，打开课本闻到一阵阵的书香。老师在讲台前，讲述着他从来没有听过的新奇的知识。这时老师突然提问："杨幸注，你为什么要上学？"小幸注站了起来，一时不知道怎样回答……原来这是小幸注的一个梦。

小幸注躺在床上，细细地琢磨着梦中老师的问题。他明白，读书识字可以让他了解许多未知的事，明白许多自己不明白的道理。他深知，只有通过读书获取知识，才能懂得如何更好地生活，才能成为一个对社会有用的人，从而改变自己和家人的命运。

幸注八岁那年，二哥杨正熙从青岛解放军海军转业回家探亲时，进门看到幸注的第一句话就是"小孩子怎能不读书呢？"哥哥二话不说，就用转业安家补助费帮小幸注到学校注了册，买了文具和几件新衣服，还有一双布鞋。

幸注格外珍视这来之不易的机会，每日皆似久旱逢甘霖般贪婪地沉浸于书卷之中。每天早上醒来，想着要上学了，心里甜滋滋的，抄起课本和作业本就急不可耐地奔向学校。当他踏着朦胧的晨曦来到学校，校门还没开哩。他就爬上校门口的一棵古榕的树杈上，坐在上面高声背诵起课文来。小幸注成绩一直名列前茅。六年级时，当老师问他想考哪所中学时，他满怀希望地说："我要考县城的学校！"虽然县城的学校优先录取城里的学生，但小幸注并没有放弃，最终他考取了一所县城的中学，并发誓要发奋读书，做到最好。

第一次来到高州县城，小幸注对一切感觉都是那么新鲜，充满了好奇。他心中涌动着从

八叔的母校"桥方中学"，被戏称为"簸箕中学"。后取名"环城中学"。上图为八叔母校校庆纪念册封面

来没有过的兴奋和憧憬。来到校门口，只见两根方柱之间搭起一架拱门，上面以四个用竹篾编织而成的簸箕，写着"桥方中学"的校名，众人戏称其为"簸箕中学"。小幸注一看这简陋的门面有点意外，甚至觉得有点好笑，但一点也没有影响他求学的兴致。他暗暗地发誓，一定要发奋读书才对得起大哥和妈妈，对得起自己。

安顿下来后，同村来的小冯等几个同学邀幸注一起逛逛公园，到街上走一走。幸注正在预习数学，闻声站了起来。从来没有看过城市什么样子，多么想出去溜达一下啊。但转念一想，自己立下誓言，就要从小事做起，时刻严格要求自己。于是他笑着说："你们好好逛一下，我怕跟不上，先预习一下功课。"同学不以为然，嘲笑道："你真是书呆子，想争第一吧。"幸注还真是争到了第一，期末考试他各科成绩全级总分名列前茅，三门单科成绩第一。

曾经嘲笑幸注的同村同学从心底里佩服他。幸注经常帮助他们解决学习上的难题，互相交流学习的方法，一起赛跑打球，大家成了关系密切的学友。然而，就在小幸注沉浸在学海的幸福时刻，家庭变故却让他陷入了痛苦的深渊。

初一第一学期假期的一天，妈妈把幸注叫到一边，难过地看着幸注："家里吃了上顿愁下顿，实在没钱供你继续读书了。你也看到二哥家里小孩多，他的负担越来越重。我们再也不能老靠二哥的帮助读书了。"妈妈说的幸注都知道，但幸注还是接受不了这残酷的事实，他抱着妈妈痛哭起来。这时大哥也走来，摸着幸注因营养不良有点发黄的短发，难过而又语重心长地对弟弟说："书读不上，学习不要放下！你这几年也打下了很好的知识基础，校门里外都能继续学习。"幸注含着泪花默默地点着头。

这是杨幸注人生最感辛酸的时刻。每当他看到曾经的同学走向校园的时候，内心都会感到一种无法言喻的失落。他常常默默地站在家门口，望着远方学校的方向，那里仿佛是一个遥不可及的天堂，他无法再踏入其中。

然而，杨幸注并没有放弃学习。他在家中找到了一些旧课本和捡来的报纸，如饥似渴地看了起来。他白天要外出干活，但仍然坚持自己的学习生活，每天抽出时间埋头苦读。他在旧书摊买了字典和初中的课本，抄录同学的课堂笔记。在寂静的夜晚，他坐在摇摇晃晃的桌椅前，手握着泛黄的书本，自己默默地读书、写字，不断突破自己的认知界限。夜深了，他还在阅读着、记忆着、琢磨着课本的知识。他的脑海里燃烧着渴求知识的火焰，驱散了劳作一天的阵阵袭来的困倦和睡意。他坚信，通过自学，也能不断地增长知识。

八叔后来说，大哥那句"校门内外都能学习"的话，自己一辈

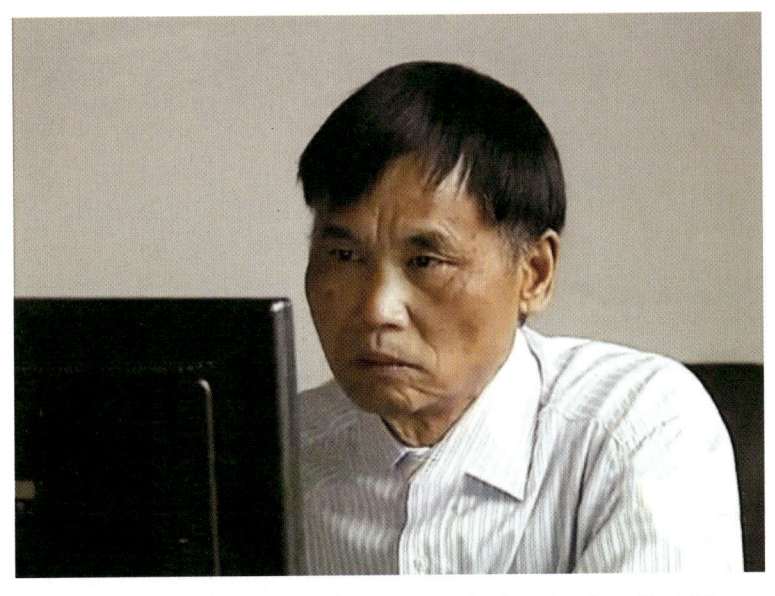

浏览网络获取信息、学习新知识成为八叔的日常习惯

子难以忘怀。八叔说，他出差旅行每到一地，首先就是逛书店，阅读成了他的习惯。他还先后订阅了《读者文摘》《柑橙种植》《新农村》《畜禽业》《广东农业科学》《畜牧与兽医》《风景园林》《花木盆景》等杂志。互联网的兴起，使八叔学习和获取信息更加便捷，他娴熟地使用手机和电脑，在网上有针对性地搜索资料成为他每天的功课。

八叔女儿梅芝说："父亲与常人不同之处，都80岁了，却极具时尚感，毫无传统迂腐之态，他坚持学习，关注新生事物，对高科技产品有着极高的接受度。在其日常生活中，奢侈品或许难觅踪迹，但高科技产品是他至爱。诸如智能手机，家父不仅能熟练使用，更能在其中创作视频，并发布于抖音平台。"八叔的孙子殷滔则这样说："团建时到达贵州黄果树瀑布，爷爷提前专门上网学习拍瀑布的技巧，用手机相机流光快门里的涓涓流水功能，拍三秒就能让瀑布栩栩如生。爷爷拍人像也有心得，使用人像模式并调至2倍光圈，结合出色构图，人像照片如杂志封面般精美。他不仅自己掌握摄影技术，还把心得分享给员工，吸引大家前来学习。长者比年轻人还新潮，令员工们佩服。"

几十年来，杨幸注就这样勤读有字之书，长读"无字之书"，后来竟被人称为"没有证书的博士"。通过自己的努力不懈地自学和实践，在逆境中不断成长，最终实现了自己的梦想。

第三节 "有手有脚就饿不着"

家境贫寒，两餐饭也吃不饱，但这反而激发了杨幸注不服输的心气。那时的信念，用一句很朴素的话来概括："有手有脚就饿不着！"

1958年，杨幸注14岁。农村已实行人民公社制度，社员参加集体生产劳动，按劳动力记工分，配口粮。辍学后，杨幸注回乡参加生产队劳动。年纪虽小，却争着重活干。他要多拿工分。

在那个饭也吃不饱的年代，为了多挣一点口粮，杨幸注毫不吝惜体力。天色渐暗时，生产队的其他人都已收工回家，只有小幸注还在坚持额外的劳作。根据生产队的安排，挑一担粪水上山，可以换来一两大米。他挑着与自己身高差不多的粪桶，艰难地沿着山路攀行。那担沉重的粪水，对于他年幼的身躯来说，是一个巨大的挑战。每一步都需要他使尽全身的力气，小心翼翼地避免一次次可能的失足。

然而，不幸总是悄然而至。当他攀爬陡峭的山坡时，偶尔一个踉跄，满桶的粪水便会倾洒在他身上，那种刺鼻的气味和黏糊糊的感觉让他感到极度不适。但他无暇顾及这些，因为他明白，这份额外的辛苦往返几趟就能换来几两米，对于饥饿中的家人来说，是无比珍贵的。

夜幕降临，小幸注带着疲惫的身躯和那微薄的报酬回到家中，他会把那些辛苦换来的米粒和着瓜菜放入锅中煮成稀粥。那一碗稀薄的米粥，对于饥肠辘辘的家人来说，是无比的美味和满足。

小幸注的生活充满了艰辛和挑战，但他从未放弃。他的勤劳和坚韧，是他在那艰难时代中生存下去的力量。这些经历在他心中留下了深刻的烙印，塑造了他坚强的品格。

虽然那时上面有规定不准干私活，但农闲时允许农民就地甚至外出搞副业，向生产队上交的劳动所得，队里给记工分，还返还每个工作日两毛五分钱作为工具费。小幸注闲不住，在生产队干活挣工分的同时，还去贩果、养猪、挑担、做熟食，什么活都干。只为多挣一角几分，多挣一口饭。

贩运水果最为辛苦。小幸注十五岁时，就推着双轮手推车往返两天行走一百多公里，到相邻的信宜县贩运水果。天黑了，他只能在半途的榕树底下歇一歇。

有一次，他在大榕树下的石板凳上睡着时，被巡夜的民兵当作流窜人员厉声呵斥惊醒。经过一番盘问后，才弄清原委。看着衣着破旧、面容消瘦的杨幸注，民兵叔叔同情心油然而生，邀请幸注到他去家里休息一宿。然而，杨幸注却拒绝了，他说："谢谢叔叔！我不能再睡了，耽误了早市，一天就白忙了。"最终，民兵叔叔还是拉着他进屋，端来剩米汤和红薯。吃完后，杨幸注道谢并匆匆赶路。

归途上，幸注的手推车上堆满了用麻袋装起的柿子、山楂等水果，叠起像一座小山，高过他年幼的身躯。在炎热的夏日午后，推着沉重的手推车，汗水浸湿了他的衣衫，太阳在头顶无情地炙烤着，但他顾不上去寻找一丝阴凉。

当来到那段熟悉而又令他害怕的斜坡土路时，他深吸了一口气，双手紧紧握住推车的把手，使劲地向前冲刺，车子越来越沉，他的脚步无奈放慢却依然坚定，每一步都像是与重力做抗争。斜坡似乎比平时更陡峭，或许是加上他的疲惫使得一切都显得更加艰难。推着、推着，用尽全身力气，无论如何也不能向前移动哪怕一小步。只好两脚撑开，牢牢地蹬紧脚步，死死地顶住车子不往后溜。他的额头上布满了汗珠，脚下的路面似乎在重压下变得更加硬滞和不平。

小幸注的心中既有坚持的毅力，也有无助的焦虑。他的眼睛不自觉地寻找着周围的行人，盼望有人能够注意到他的窘境。但路人大多匆匆而过，他们似乎没有留意到那个挣扎的少年。小幸注的心沉了下来，但他并没有放弃，竭尽全力地硬顶着……

就在他几乎快要耗尽力气的时候，终于有一位路人注意到了他。那人走过来，没有多言，只是默默地在车后用力推着。小幸注心中涌现出一股暖流。他感激地回望一下那位路人。虽然只是一个小小的举动，但对于小幸注来说，这却是在近乎绝望中的一种希望。

每次贩运水果，杨幸注几乎都会遇到这样的困境，对小幸注而言，是他成长路上的磨砺。这些艰难的时刻，不仅锻炼了他的身体，更磨炼了他的意志。在这些艰难的日子里，小幸注学会了坚持、勇敢和感恩，这些品质将伴随他走向更远的未来。

然而，有一件事让杨幸注感到"有手有脚就饿不着"的想法太单纯了，往往并不是那么应验。

在那个粮食稀缺的年代，农家人通常一个星期才能吃上一顿干饭，平常多以稀粥杂粮糠菜充饥。年少脑子活的小幸注，想着家乡盛产的木薯可以加工成淀粉，进而做成木薯籺（籺，糍粑，粤西语）作为一种充饥的食物。

小幸注全身心投入到木薯淀粉的制作中，每天忙碌于打磨木薯，浑身沾满白粉，染得花白的头发和眉毛见证了他不懈的艰辛和执着。他挑着沉甸甸的一担木薯粉上街摆摊，出乎意料般异常畅销。他总是微笑着迎接每一位顾客，那幼小的身影和灵巧的双手，人头攒动的摊位，成为街头引人注目的一角。

然而，一天，一位穿着灰不溜秋制服、自称是工商所干部的人出现了。他的眼神里透露出傲慢与不屑，对着小幸注大声呵斥道："你没有营业执照，这是非法经营！马上回家去！"小幸注的脸上露出了困惑和不解，他颤抖的声音带着疑惑："我只是卖点木薯粉，也要执照吗？"那人恶狠狠地说："你这是无证经营，是非法的！再不滚，就把货也没收了！"这样不由分说地责令他收摊离开。

小幸注无奈地收拾着摊档，心中充满了委屈和困惑。他的眼神中闪烁着不解和悲伤，肩上的木薯粉仿佛沉重无比。尽管遭遇了这样的不公，小幸注还是平静地转身离开。小幸注的身影在夕阳下显得孤单却依然坚毅。他知道，这只是他人生旅途中的一个小小的挫折，他未来的路还得走下去。

直到后来，他才发现那人并非所谓的工商所干部，而是附近的一位也是卖木薯粉的摊主。

这个发现让小幸注感到了人性的复杂和世事的诡异。他意识到,在这个艰难的世界里,即使是最朴实的勤劳和诚实,也可能遭遇不公和欺诈。但这种世态炎凉并没有击垮杨幸注!他绝不会就此放弃,他要用自己的努力和智慧,寻找新的生存之道。

有一次,杨幸注在集市上发现一个档位的猪苗卖价便宜得难以置信。他充满好奇,便蹲在一旁仔细打量和思索。时间不知不觉地过去,太阳下山时分,晚霞映照在幸注那瘦削脸庞上,那是难以掩饰的跃跃欲试的表情。集市散去,这些猪苗仍没有人问津。同村的一位老伯拉了拉幸注的肩膀,说了句:"还不回家?"幸注跟着老伯走到一旁,老伯指着那些猪苗小声说:"你看那猪仔瘦骨嶙峋,毛色灰暗,尾巴耷拉着,无精打采的,有什么好睇的?"幸注谢过老伯,心里却想:"这小猪不用花几个钱,养不好也亏得起;如果能把它养好,不正是一个赚钱的好机会吗?"

回到村边,正在树下乘凉的邻居,看到幸注的自行车搭着4个病歪歪的小猪,都笑了起来:"捡来的?"幸注虽然笑着回应说是"捡来的",但心里明白,这几个小猪苗承载了他这一年的最大的希望。

幸注要千方百计把猪养好:猪没胃口,就弄来草药调理肠胃;听说猪可能有蛔虫,就弄来驱虫药;为了让猪多吃,他甚至半夜起来多喂两顿。不到一个月时间,小猪的气色明显好转,一见到幸注过来就"嗷嗷"叫起来,抢着吃食。

那年代,国内进口的秘鲁鱼粉被撒在农田作肥料。幸注一闻到这腥臭味儿,脑子就开始转动起来,想着想着就乐了:这价廉物美的鱼粉既然蛋白质丰富，何不用来喂猪？当普通的养猪潲水加了一点鱼粉，略带腥味的潲水让猪苗胃口大开，经过一段时间加鱼粉的喂养，原来营养不良和挑食的猪苗变得肥胖和健康，这样的猪苗拿到市场上去卖就能得到一个好价钱。通过买瘦小的猪苗经过几个月添加鱼粉的喂养，然后卖出去，就可以从中赚到多一点的收入。村民们纷纷称赞幸注有生意头脑。

幸注得知邻省广西北流饲料价格低，就骑着自行车不辞辛劳地奔波一百多公里购买；看到猪苗便宜，他就买猪苗；觉得中猪的价格好，他就卖中猪。盯着猪的行情的起落，他总是先人一步起手买卖。

然而，生产大队的支部书记对此并不乐见。他唠唠叨叨地批评幸注总是愿意折腾，喜欢"打短棍"（猪未长大就卖的意思），还经常请假跑墟市，搞投机倒把，掉到"钱眼"里去了，满脑子小资产阶级思想！幸注听不明白什么叫"小资产阶级思想"，但他只想着靠自己的双手多挣点钱，并不明白自己究竟错在哪里。

第四节 光棍村里的幸运儿

杨幸注有一手远近闻名的精湛木匠好手艺。

那个年代一般家庭都请木匠上门手工制作家具。杨幸注的手艺天赋从小就显现出来,16岁那年,他买了工具,自己学着做凳子、饭桌这些简单一点的家具,居然有模有样。

村里有一个董姓老木匠,是第三代木匠工艺传承人。董老师傅见杨幸注勤劳憨厚、身体结实,又心灵手巧,是块做木匠的料,就收他为徒。

那时木匠是个苦累活,拉锯、推刨、凿木全是手工。幸注的手掌很快就布满了血泡结成老茧。夏日酷暑时,他浑身汗水沾着木糠和毛木屑;冬日寒风中,他的手指冻得发紫。

当时,木匠们按日领取工钱。有些木匠趁主人不在身边时便会偷懒。然而,杨幸注从不这样做。无论身边是否有人,无论主人在不在家,他总是专心致志地工作。董师傅习惯在中午小憩一会儿,当他回来时,看到杨幸注仍在不停地工作,已经完成了大量的活儿。董老师傅疼爱地说:"你也不晓得歇一歇,小小年纪累伤了自己的身子怎么办?"幸注笑了笑:"师傅,我年轻,没事的。"

体力有的是，真正难的是技术。过去做木工绝对不用钉子和胶水。核心技术在于凿"榫"和"眼"（眼即卯，广东人称之为"眼"）。为了连接板块或木条，需要凿开一个长方形或四方形的"眼"，再另外做一个"榫"。"榫"与"眼"必须完美匹配，但"眼"必须要比"榫"略小，要稍微圆润一点，然后"榫"对着"眼"挤压着拼接进去，两者严丝合缝，这样的工艺才能经得起时间的考验，使用长久都不会松动。

"榫"与"眼"做得精细不精细，用的工时相差太多。"榫"要垂直，特别是"眼"的四个方向也一定要垂直，压下去是紧实的。如果想省工偷懒，"眼"的中间掏空一点，表面看起来是很紧的，外面也看不出破绽，但用上一两年就会松动脱落。"榫"与"眼"的精细程度，实际上反映的不仅仅是技术，更是人心。

杨幸注的木匠活远近闻名，不仅在于技术好，还在于"榫"是"榫"，"眼"是"眼"，从不取巧偷懒。他的"榫眼"技艺无人能及，木工活的品质与声誉，赢得了人们的赞许。

再说杨幸注的家乡青垌村是远近闻名的"光棍村"，全是因为穷。

杨幸注也不例外，家里也是吃了上顿没下顿，从未敢考虑谈情说爱之事。可是杨幸注是个幸运儿，28岁那年，他还真讨了一门好媳妇儿。

这一年，走马村好几户人都有木匠活请杨幸注做。一天早上，杨幸注挑着工具担儿走到村头，正犹豫着先给谁做时，一个身材高挑、容貌秀美的姑娘从院子里走出来，看到他的工具担儿，立刻就扭头朝屋里喊："妈，木匠师傅来了。"随着话音落下，一个笑容慈祥的中年妇女走了出来，亲切地说："你就是幸注师傅吧？"杨幸注腼腆地点点头，同时下意识地打量着那位高挑、秀发如云的姑娘，不禁红了脸庞。

那个清晨的阳光下，姑娘栖栖如山间绣球花。她有一头乌黑浓密的秀发，披散着如柔美的流苏；两眼波光流转，眸色清澈见底，宛如秋日静谧的湖水；而那娇艳欲滴的双颊，更是如同沾了朝霞的桃花般动人。星星般明亮的眼睛，嘴角微翘勾勒出嫣然的笑意。她轻盈地穿梭在院中，一袭淡雅的衣裙随风飘扬，宛若白云悠悠，端庄中透着灵动。

这个好看的姑娘，让杨幸注心旌荡漾。他多么期盼，这个美丽的姑娘，能成为自己温暖生活的知音。

原来，她身处一个殷实的家庭，名叫汪秀坤。杨幸注开始在这家做木工活，随时能见到温婉大方的汪秀坤。

有一次，秀坤收拾木匠活下的边角料做柴火。幸注说："烧掉可惜了，我可用这些边角料帮你做些小板凳哩。"秀坤说："柴火快没了，还是烧了吧。"幸注沉吟片刻说："天黑反正也做不了木匠活，我帮你上山砍柴吧。"

从那时起，傍晚上山砍柴成了幸注的日常。后来，秀坤也跟着上山砍柴。每当两人一起向山上走去，秀坤的母亲都会望着他们的背影，微笑地点点头。

月色朦胧中，两人在林中边砍柴边轻声说笑，渐生情愫。砍完柴后，他们并不急着回家，而是借着月色漫步在山林间。山路狭窄，幸注总是让秀坤走在前面，自己跟在她身后。秀坤不时回头看着幸注嫣然一笑。那笑容让幸注的心脏像触电一样不由自主地颤动，被一种无与伦比的幸福感笼罩着。八叔后来回忆说，我当时多么想拉一下她的手啊，但是，我不敢呢。很快，村里就传开两人要成亲的喜讯。这可急坏了汪秀坤的舅舅。

舅舅初中毕业，是本生产大队的干部。他正合计着牵线搭桥让汪秀坤嫁到城里干部之家哩。当汪秀坤看到舅舅上门时，她总是设法躲避。秀坤妈对弟弟说："你就别费这个心了，人家幸注老实勤奋，又会干活，女儿嫁这样的人我心里踏实！"但舅舅是个固执的人，对这件事耿耿于怀。

有一次，趁杨幸注在另一家干活的时候，舅舅带着民兵以查户口为名，把杨幸注抓到大队部里关了起来。但队干部舅舅很快就觉得有点骑虎难下了：杨幸注根本没犯什么事呀！这边秀坤妈找上门来，亲手为幸注松绑，对弟弟说："下月初八我们为秀坤办喜事，你可以来喝一杯。来不来随你。"

队干部舅舅有点气急败坏，他说："叫他们先来办结婚证再说！"他心想，不给你开结婚证，看你这婚怎么结？

然而舅舅最终也没能破坏了杨幸注和汪秀坤的喜事，小两口和和美美地过起了日子。

八叔后来笑着说："我们老夫老妻了，还真是没有那张结婚证呢。"

有人说，杨幸注是"光棍村"的幸运儿。也有人说，杨幸注做人勤恳踏实方得这宗好姻缘：杨幸注是"榫"，汪秀坤是"眼"，他们两人的结合就像天衣无缝般完美，真是绝配！

第五节

榜登"万元户"

1979年春节刚过。那是一个看似平常却又注定不平凡的日子，杨幸注被生产队里通知去开会。当他赶到会场时，只见村里的空地上已经聚集了不少人，大家都在低声议论着，脸上带着疑惑与期待交织的神情。

会场里有些嘈杂，人们的交谈声此起彼伏。杨幸注找了个位置站定，眼睛好奇地打量着周围。这时，大队支部书记站在一块石墩上，清了清嗓子，大声说道："各位听着呵，今天把大家召集过来，是有个重要的事情要告诉大家。我们国家啊，改革开放了，时代不一样了！现在农村要推行家庭联产承包责任制，以后土地可以承包给我们自己种啦！"

人群中顿时一阵骚动，有人惊讶地张大了嘴巴，有人眼中闪烁着兴奋的光芒。杨幸注也心头一震，他感觉自己的心跳陡然加快，一种莫名的激动涌上心头。他紧紧地盯着大队支书，耳朵竖得高高的，生怕错过任何一个字。

"这意味着啥呢？"支书继续说道，"意味着我们农民有更多的自主经营权了，可以根据自己的想法和市场的需求来安排生产啦！不再像以前那样全听集体的安排。这可是个大好机会啊，大家要好好把握！"

杨幸注听着这些话，心中犹如翻江倒海一般。他想到自己这些年在集体生产中虽然勤劳肯干，但总觉得有些束手束脚。如今，这个新政策仿佛为他打开了一扇通往新世界的大门。他的脸上渐渐浮现出兴奋的红晕，眼神中透露出坚定和憧憬。

会议结束后，杨幸注一路上都沉浸在兴奋之中。他步履轻快，仿佛脚下生风。回到家，他坐在凳子上，久久不能平静。他心里想着："改变命运的时候终于到了！我一定要抓住这个机会，好好干一番事业。"

于是，杨幸注开始仔细盘算起来。他想到高州是农业大县、水果之乡，有优异的气候环境。政府鼓励发展水果等多种经营，而自己对橙树种植一直有些兴趣。经过一番深思熟虑，他毅然决定承包生产大队的200亩山地，投身橙树种植。他仿佛看到了未来那一片郁郁葱葱的橙林，看到了自己美好的未来，心中充满了信心和勇气，踏上了这条充满挑战与希望的创业之路。

在那些日子里，杨幸注如冲出笼子的鸟，大有天高任飞翔的畅快，感觉到前所未有的自由！同时，令他喜出望外的是，旁边是被称为"橙王"的刘姓化州县人，拥有庞大的三千亩橙林。"化州橙"早有享名，有着悠久的种植历史。杨幸注庆幸旁边就是行内人，方便向他讨教种橙经验，他满怀希望地说："刘师傅，我是新手，您要多多指教呵。"只见刘师傅笑着回答说："我们同捞同煲（粤语—起谋生的意思），好说好说。"但说起种植技术来，刘师傅却闪烁其词，讲得虚实难分，不知所云。杨幸注请教他黑斑病用什么农药，刘师傅说他也不知道。后来杨幸注看到他把农药瓶上的标签都给撕掉了，就明白人家已把自己当成竞争对手了。

只有靠自己摸索啦！有一次，杨幸注在路边摊花一元钱买了一本《柑橘种植技术》的书，看了一遍又一遍，初步摸到一些基本的门道。然而，他意识到如果按书上所说的疏枝、施肥、杀虫、杀菌之技法，不一定完全合适，而且耗费的成本太高。杨幸注想，灵活运用吧，说不定还能探索出更好的路子呢。于是，杨幸注决定因地制宜、量力而行。他用农家最原始的做法，以勤补拙，用大量的绿肥深埋，发酵后就是上好的有机肥。他沿着树头的四周深挖土穴，然后铲草、收集落叶，将绿肥回填。这样的努力使得土壤疏松肥沃，果树根系异常发达，生长旺盛。杨幸注对果园的投入可谓全心全意。他每天去果园都不会空手而去，肩上都有一担沉甸甸的绿肥挑过去。晚上也是借着微弱的月光干到八九点。

然而，就在他的辛勤付出结出硕果时，果园里却发生了疫菌褐腐病，为了及时防治这种病害，杨幸注夫妇以最原始的方式，分头用一个大碗盛满石硫合剂稀释的水剂，一个果一个果地浸泡片刻予以杀菌。从晨曦初现到暮霭沉沉，日复一日，病菌得到遏制。虽然又苦又累，但这个办法效果显著，既节省了用药成本，又没有药物残留。

1985年深秋，果园里来了几位特殊的客人。他们戴着草帽、穿着凉鞋，看起来朴素而亲切。走在前头的是一位身材魁梧的中年人，国字脸，高额头，头发向后梳着，笑容可掬。然而他的双眼炯炯有神，透露出非凡的气质。旁边的一位年轻人开口便问："你知道种橙的杨幸注在哪吗？"杨幸注咧开嘴笑了："我就是啊。"身后的中年人走前一步,握住杨幸注的手:"我是周仲伟。"

周仲伟?杨幸注心头一暖,虽然从未见过周仲伟,但县长的大名他早有耳闻。高州人总是把公正无私、求真务实的周县长看作是勤政清廉的共产党人的化身。坊间乐此不疲传说周仲伟三件事:一是"凉鞋县长",见到的县长从不穿皮鞋;二是看到认识的市民会摇下车窗打招呼;三是县长有一个独生女,但一直当着普通职工。

县长拉着杨幸注的手与这位普通果农聊起了家常。"承包这么大的果园,压力不小吧?"周仲伟问。

"队里支持我,让我放手干,卖了果子再交承包金。"杨幸注回答。

县长指着硕果累累的橙园,高兴地说:"看见你的果树结果比别人家的多很多、大很多,你是不是找到什么窍门了?"

"我是用土办法,想着怎么省、怎么好,就怎么干。也不是什么窍门,就是勤字当家。"杨幸注笑着说。

1985年,高州县县长周仲伟与八叔在橙园交谈

周仲伟点头称赞:"你的做法又省又妥,可愿意给大家说道说道?"

杨幸注赶紧说:"大家觉得可以我当然说啦。"

周仲伟笑了起来:"那好,我们找个时间,请你给大家讲讲。"

接着又说:"这路又窄又陡,走着不安全,东西不好运,队里可帮忙修一下。现在政府鼓励承包责任制,允许农业多种经营,以后有什么难处,可对我们讲,大家一起想办法。放手干吧!"

杨幸注再次感到心头一暖。他没想到县长会亲自来关心他的果园,想着他的难处。他下定决心,一定要好好干出个样子来。

杨幸注看着县长远去的背影,转身只见果园的橙子果实累累,油光锃亮,又大又沉把果树坠弯了腰。他种的200亩橙子奇迹般比旁人的3000多亩产量还高,而且橙子又大又甜,大家都认准他的橙争着买。为了卖个好价钱,杨幸注想着法子保鲜,把橙子储存到春节和年例(年例即年宵,粤西语。"年例"是高洲极具地方特色的民俗活动,核心是以村落为单位,按先后不同的固定日期举办群众性祈福、欢庆仪式。被誉为"岭南最隆重的民间节日"之一,2012年列入广东省非物质文化遗产名录。)热卖。就这样杨幸注种橙成了县上第一批三个"万元户"之一,得到政府的表彰,县长周仲伟亲自给杨幸注戴上大红花。

忘不了1985年那个丰收年,杨幸注的果园春华秋实。他的人生也因此迎来了一个精彩的起点。

这时,那位曾经的"橙王"走过来搭讪,表情有点尴尬,说:"杨幸注,我真是服了你了!"还转弯抹角地向杨幸注打听种橙的秘诀。幸注一眼就看穿了对方的心思，但他并没有计较过去的恩怨。他毫无保留地将自己的技术要点和丰收窍门告诉了对方。

几十年后，八叔还邀请这位当年的橙园邻居观赏自己的旅游景区凤凰园，一同回忆当年种橙的甜酸苦辣。那位刘姓"橙王"深有感触而又坦诚地赞美八叔说："原来你才是真正的橙王。而且干一行成功一行。你是办事大智慧，做人大格局。我佩服您！"

从食不果腹到万元户，杨幸注深深体验到了收获劳动成果的喜悦。在县上表彰勤劳致富"万元户"的大会上，杨幸注说："我很幸运地遇上了改革开放的好时代，当年养猪和做木工、泥水工都是躲躲闪闪地做，现在有党的富民政策，农民可以靠自己的奋斗成为政府奖赏的光荣的万元户。但这仅是一个起步，我要从零开始，再创真正的奇迹！"

第三章

蛋鸡大王

第一节
财富之路从养肉鸡起步

20世纪90年代初,肉食供应紧缺。在粤西城乡,人们一年能吃上鸡的次数屈指可数,或是逢年过节,或是有重要的客人上门。孩子们一看到大人杀鸡就高兴得手舞足蹈地叫喊起来。

面对肉类供应的短缺,人称八叔的杨幸注产生了把肉鸡养殖做成一个产业的想法。他紧紧攥着手中那凭借种橙辛苦积攒下来的本钱,毅然决定从熟悉的橙园转身,踏入了全然陌生的鸡场领域,开启了养殖肉鸡的全新征程。

八叔在租下的一片山地上,用树干和竹枝简单地围起,便搭建成那略显简陋的鸡场。他怀揣着希望与憧憬,花费300元购进了第一批鸡苗。这看似简单的一步跨越,于八叔而言,绝非仅仅是一次普通的经济投资,而是向养殖业这个陌生的领域进军。它更像是一次对生活方式的颠覆性变革,是一场向贫困枷锁发起的决绝攻坚战!

当时,国产饲料的供应紧缺,八叔在市面上能见到的仅有泰国正大集团的"卜蜂牌"进口鸡饲料,然而其价格却高得令人咋舌。

八叔仔细地做了一番成本核算后无奈地发现,以自己不大的养殖规模,若使用这种昂贵的进口饲料,利润空间几乎被挤压殆尽。

第三章 蛋鸡大王

此时的八叔深知，仅靠"有手有脚饿不着"的年代已经翻篇，在如今这个竞争激烈的商海，动手动脚还要动脑，方能在商海中闯出一片天地。于是，他下定决心自己谋划，凭借着肤浅的经验摸索着用高粱、玉米、豆粕等原料尝试着自行配制饲料，成功地使成本大幅降低。

每天清晨，当那第一缕阳光还羞涩地在云层中若隐若现时，八叔已然开启了他忙碌而充实的一天。他那原本就粗糙的双手，因不断地制作饲料、搬运物料以及精心整理鸡舍等繁重劳作，愈发显得沧桑。成群的小鸡叽叽喳喳地欢叫着，那声音仿佛是在为他辛勤的劳作加油助威。八叔满怀信心地沉浸在饲养肉鸡的琐碎劳作之中。他每日起早贪黑，对每一只小鸡都悉心照料。他亲自喂食、认真清理鸡舍、时刻密切观察鸡群的健康状况，对养殖的每一个环节都倾注了自己全部的心血。

然而，生活总是充满了未知的挑战。随着时间的缓缓流逝，问题开始如幽灵般逐渐浮现出来。现实的残酷远远超出了八叔最初的想象。

一段时间里，八叔发现小鸡突然变得萎靡不振，食欲大减，毛色暗淡，体重增长缓慢。他心急如焚，苦苦思索，却找不到原因。他开始怀疑自己的饲养方法。那段时间，八叔变得沉默寡言，连笑容都变得极其罕见。但他的眼神，却始终坚如磐石，其中闪烁着的希望之光从未熄灭。

这段时间，八叔几乎日夜蹲守在鸡场，仔细观察着每一个细节。他渐渐将问题锁定在自己配制的饲料上。为了找出问题的根源，他精心配制了多种不同的饲料，用在不同鸡群的喂养，并进行深入观察、分析和对比，逐次记录在案。

他发现，虽然表面上看多种饲料都能提供多方面的营养，但在具体的营养成分比例上存在差异。他特别关注了蛋白质、能量、维生素和矿物质等关键营养素的含量和配比。

接着，八叔开始了更为细致的实验分析，终于发现了问题的关键所在。原来使用的饲料在蛋白质含量上较低，而能量含量偏高，这导致肉鸡摄入的能量过多而蛋白质不足，从而影响了生长速度和肌肉发育。此外，原饲料中的某些维生素和矿物质含量也相对较低，无法满足肉鸡均衡生长的需求。

实验结果显示，喂食原用饲料的肉鸡生长速度明显慢于使用别种饲料的肉鸡的长势，且体重和肌肉发育也相对较差。这进一步证实了八叔的猜测：原用饲料确实存在问题。

基于以上分析和实验结果，八叔果断决定停止使用原用饲料，全面改用最优的饲料。同时，他还根据肉鸡的生长需要，不断地对饲料的配比进行了微调，以确保肉鸡能够获得均衡、充足的营养。

在调整饲料后的几天里，八叔密切观察了肉鸡的生长状况。他发现，肉鸡的精神状态明显好转，食欲增强，体重也开始稳步增长。看到这一变化，八叔悬着的心终于放了下来。他知道，自己找到了问题的根源并成功地解决了它。

这次经历让八叔更加深刻地认识到，饲养肉鸡需要细心和专业知识。他决心继续学习养殖知识，提高自己的养殖水平，为肉鸡提供更好的生长环境和营养支持。

此外，八叔深知家禽疾病防治的重要性。对于家禽养殖的风险，有一句行话是"家财万贯，带毛不算"。意思是瘟疫是家禽养殖的潜在风险，一遇不测，就会倾家荡产。因此八叔打醒精神，定期给鸡只注射疫苗，保持鸡舍的清洁卫生。渐渐地，鸡只的健康状况得到了改善，生长速度也明显加快。

经过一段时间的努力，八叔的肉鸡终于可以出栏了。当他看到一只只肥硕的肉鸡在鸡舍内欢快地跳跃时，他的脸上露出了久违的笑容。他知道，自己的努力终于得到了回报。

然而，在销售方面，八叔也遇到了不少困难。由于他之前没有销售经验，对市场行情了解不够深入，导致他的肉鸡销售不畅、卖价偏低。他积极寻找销售渠道，与批发市场和当地的餐馆建立合作关系。通过不断的努力和尝试，八叔的肉鸡逐渐在市场上打开了销路。

随着时间的推移，八叔的养鸡事业越来越红火。他的肉鸡不仅品质优良、口感鲜美，而且价格合理，深受消费者喜爱。八叔的名声也在当地传开了,慕名前来购买肉鸡的人络绎不绝。

八叔的养鸡事业已经步入正轨。他从一个没有经验的创业者逐渐成长为一个成功的养鸡户。他的经历告诉我们:只要有信心、有决心、有恒心,就一定能够克服困难、实现自己的梦想。

鸡场从最初的上千只扩展到如今的一万多只。但他并未因初始的成功而产生丝毫的懈怠,依然风雨不改全天候守在鸡场,对鸡群的生长情况和健康状况都了如指掌,对饲养技术的每一个细节都精益求精。尽管他的脸上常带着疲惫,但更多的是满足和自豪。他用自己的智慧和汗水,一步步将这个小小的养鸡场变成财富滚滚的源头。

第二批肉鸡又要出栏了,每只鸡的利润提高到20元,八叔收获了超过20万元。在那个年头,这是一笔巨大的收入。他站在养鸡场中,看着那一群群的肉鸡被送往市场,心中涌动着前所未有的喜悦。他的脸上露出了久违的笑容,眼中闪烁着成就的光芒。村里人纷纷表示惊奇和赞叹。八叔只是淡然一笑,对乡亲们说了句:"我们只要敢去做,总会有成功的一天。"他用这样朴实的语言和大家分享他成功的喜悦,完全没有了卖木薯粉被人欺负时的那种不安和彷徨。那一刻,八叔不仅是一个成功的养鸡场主,更是整个村庄的骄傲和榜样。他不断地加大投入,扩大养鸡的规模,致力于将养鸡产业推向新的高度。

养鸡的故事还在演绎,而且一波三折,峰回路转。

肉鸡养殖的行情不断地变化,三年后,市场骤然出现鸡苗供过于求的局面,大批农户放弃鸡苗的生产。八叔本来不从事孵化鸡苗的生意,这回他的目光逐渐移向了鸡苗孵化的市场变化。凭着朴素的市场触觉和勇于逆流而上的气魄，八叔从孵化鸡苗的市场起伏中捕捉到商机与生意场的节奏，人退我进，逆市而上做起孵化鸡苗的生意。

孵化鸡苗的过程对八叔来说，不仅是资金的投入，更是汗水与智慧的发挥。那时鸡苗孵化普遍采用传统的母鸡自然孵化法，一次最多能孵出20只小鸡。然而，八叔凭着自己的大胆联想和创新动手能力，巧妙地设计并自制了一台孵化器。这个孵化器让一个母鸡一次能孵出200只小鸡，效率是传统孵化方式的10倍！人们惊叹，常见的母鸡孵小鸡居然有人工的全程参与：八叔夜以继日地监控着孵化器内的温度，那时的温度仪器远不如现在精确，每一个细微的温度波动都可能影响孵化的效果。八叔盯着温度的变化，不时翻动着种蛋，交替移动着它们的位置，确保每一个种蛋都受热均匀。八叔的双眼因长时间对着孵化器的光线而显得红肿，但他从未有过丝毫的懈怠。历时大约21天，小鸡纷纷破壳而出时，八叔累得瘫坐在地上，心里却涌动着无比的激动和喜悦。

销售鸡苗的过程同样艰辛。八叔驾驶着摩托车，车上装满了刚孵化出的小鸡苗，他挨村逐户地送货。凌晨出门，暮色苍茫时方回到家，一天来回十几趟。虽然辛苦，但孵化鸡苗周期短，利润积少成多，为八叔增加了收入的门路。

他不仅要卖出鸡苗，还要向买家传授养殖技术，介绍价廉物美的饲料品种、防疫防病的知识和肉鸡的销售渠道，确保他们也能从中获利。这不仅是一种销售，更是一种责任和诚信的传递。

方圆几个镇的农户都认准八叔的鸡苗买，村民们诙谐地称他为"鸡佬"（粤语把男子称为"佬"）。一时"鸡佬八叔"家喻户晓。这种称呼是当地的语言习俗，理发师叫"剃头佬"，老船夫叫"撑船佬"……在当地的语言习俗中，这种称呼往往是对稳定执业人士的认可，能被称为"某某佬"，意味着你在这个行业中有一定的知名度。"鸡佬"这个称呼虽然有些粗俗，但充满了对八叔的认可和尊重。

市场总是波浪式演变。当市场上鸡苗又一次过剩而滞销时，八叔再次面临新的难题，当地人的说法：又有"阻滞"了。八叔干脆一不做二不休，将这些过剩的鸡苗自己接棒养成肉鸡。这个决定意味着更多的投入和风险，但八叔没有犹豫，没有退缩。他果断行动，一口气多租了几个山头围网起来，得以采用大面积放养的方式。他的肉鸡养殖取得了规模效益，经过一年的辛勤努力，总收入高达300多万元。在当时的村里人看来，这无疑是一笔天文数字般的巨大财富。

站在山坳的树荫下，八叔居高临下地眺望着漫山遍野的鸡群，就像一个指挥千军万马的将军，绽放出豪迈的气概和胜利的喜悦。他知道，这一切都来自他的勇气、智慧和勤奋。在那个艰难的时期，八叔用自己的经历证明了，即使是一个普通的农民，也能通过勤奋和智慧改变自己的命运。八叔的故事激励着周围的人，成为一方传奇。

第二节 改养蛋鸡的市场考量

八叔与养鸡行业结缘，从饲养肉鸡起步。然而，他如今已成为广东地区赫赫有名的"蛋鸡大王"，这一令人瞩目的转变，背后蕴藏着八叔当年深思熟虑后的市场考量。

那时候八叔已经有50多岁了，拥有几百万元的家底足够他过上不错的日子。然而，他却突然放弃肉鸡养殖项目，筹划着转道养殖蛋鸡。

虽然肉鸡和蛋鸡只仅有一字之差，但这是两种截然不同的生意！蛋鸡养殖投入大、技术要求高，经济效益好但风险也大。当时在粤西蛋鸡养殖几乎是空白。因为在行内大家都知道，在当地湿热的气候条件下把养蛋鸡做成一个产业，几乎是不可能的。

秦富，时任中国农业科学院农经所的所长。他长时间关注我国的蛋鸡产业，对蛋鸡的产业布局有更权威的分析。他说，整个蛋鸡的产业布局来看，主要是集中在北方。像南方，特别像广东这样的省份，鸡蛋主要是靠从外地来调运，自己满足自己的程度比例非常低。

那么，八叔又是怎样想的呢？他又是如何迈出这勇敢而坚定的一步的呢？

八叔对蛋鸡行情有着自己独到的市场考量，他这样与笔者娓娓道来：首先，创业要有市场的理念，懂得消费心理，进而把握做生意的门道。在物质缺乏的年代，鸡蛋的市场供应更为紧缺，而短缺是生意门道的一个基本前提。八叔说得很形象：如果一百个人只有九十九碗饭，那么动作稍慢的人就可能饿肚子。这种供不应求的状况会迅速形成市场热销效应，甚至引发人们的囤积心理，使得产品变得极为畅销，使其供不应求。

八叔还认为，投资的方向应优先选择生活必需品。鸡蛋就是日用必需品。行内有一句话糙理不糙的说法："有茅厕之时，就有鸡蛋生意之日。"人类每天的食物有很多选择，但鸡蛋是常人每天必备的营养消耗品。八叔认为这类日常消耗品是刚性需求，即使成本上升价格上涨，市场仍会接受，因而投资风险相对较低。相对地，非日用必需品如电视机等，其购买意欲更具弹性，价格上升或暂时缺货时，不买或迟点买也没关系。

八叔说，生意门道还显示，不要争相涌入低门槛的行业。因为门槛低的行业，跟风入市的人就会多，必然会造成同质化竞争以至恶性竞争。他深知肉鸡养殖行业的技术含量低，对环境条件要求也不高，因此门槛较低，吸引了众多投资者涌入。这也使得肉鸡养殖行业的竞争异常惨烈，利润空间被大为挤压。基于这样的认识，八叔决定逆风而行，选择蛋鸡养殖这个门槛高、难度大的项目作为自己的投资方向。八叔知道，自己的决定可能会受到他人的质疑和不解，但他坚信自己的判断。

果然，八叔这一决定立刻在大井镇上引起了轩然大波。家里人担心不说,乡亲们也纷纷前来劝阻。村里德高望重的杨大爷瞪大着眼睛,眼神中满是不解和焦急地说:"兄弟啊,你这不是胡闹嘛!肉鸡生意做得好好的,怎么突然要转行了?谁不知道蛋鸡养殖难如登天,你输不起的啊!"然而,八叔却表现得异常淡定,他微笑着向杨大爷摆了摆手,眼中闪烁着坚定的光芒:"杨叔,您的担忧我能够理解。但正是因为蛋鸡养殖的难度大、门槛高,才少有人涉足,这未尝不是一个机遇。逆风而行,人弃我取,每行都有失意的时候,但绝不能放弃。如果别人放弃,我偏去做这一行,一定能赚到钱。""可是……"杨大爷还想说什么,却被八叔接上了话茬:"我知道你们担心我,但我已经反复想过,我相信自己的眼光和判断,绝不会让乡亲们失望的。"

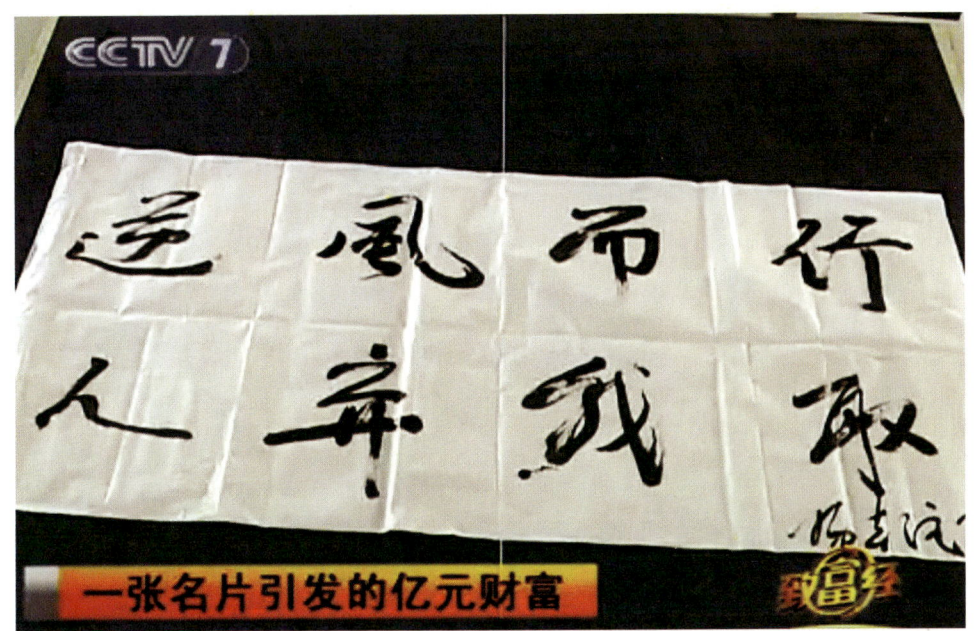

中央电视台第7频道"致富经"栏目采访八叔,八叔即席挥毫:"逆风而行,人弃我取"

就在这时，一直沉默不语的李婶突然开口了："八叔，我们一直以来都看好你的，因为你做什么都是心中有数的！我相信你的决定一定是对的，我们支持你！"李婶的话让乡亲们陷入了沉思，他们凝视着八叔坚定的神情，开始重新思考八叔的决定。他们虽然不懂蛋鸡养殖的门道，但他们信任八叔这个人。

八叔虽然早已把路子想通透了，然而，做最后决定的那天晚上，还是辗转反侧，难以入眠……

当年母亲从他手上抢过将要扔了的蛋壳，用手指抠出仅存的一点点蛋清的辛酸情景时不时在脑海里浮现。能为天下的母亲、为广大消费者提供源源不断的鸡蛋供应，是他曾经的梦想。现在要从养殖肉鸡转到规模化养殖蛋鸡，是一个机遇，是一次圆梦之举，更是一次严峻且充满风险的挑战！八叔脑海里交替着浮现两幕情景：当年把自己有限的积蓄去饲养肉鸡，他没有犹豫，就像一个没有穿鞋的汉子提着一个几乎空着的篮子，拼命向前狂奔，摔倒了也没有多大的损失。而现在把全部身家300万元投进去做一个充满希望又布满风险的事业，就像提着装满鸡蛋的篮子，在崎岖的险路上又一次狂奔，摔倒了就真是"鸡飞蛋打"了！一边是巨大商机，一边是艰险的挑战。八叔明白，选择比努力更重要！错过的成本往往比做错的成本还要高。八叔是一个内心强大的人，他不会再犹豫了，他坚信只有勇敢迈出这一步，才能实现自己的梦想。

黎明时分，一缕明亮的月光照在伫立窗前的八叔身上。他抬头望去，只见天空湛蓝，云朵轻轻飘荡；窗外，曙光若隐若现。八叔迅步走到门外，舒展了一下身子，感受着这清晨的宁静与活力。他

第三章 蛋鸡大王

紧握了一下拳头,仿佛能感受到那股力量在体内涌动。此刻,他已经没有太多的踌躇,心中充满希望和跃跃欲试的冲动!这一次的紧握拳头,成为他人生中的一个重要转折点,引领他走向了一个全新的未来……

第三节
一张名片与美国蛋鸡大王的合作商机

八叔在蛋鸡养殖的领域中，全身心投入，每一个细节都不敢有丝毫的疏忽。他凭借自己的坚韧和悟性，成功地保证了蛋鸡的健康生长，并逐渐提升了产蛋率。当第一批满载希望的鸡蛋被送往市场时，他心中的重担仿佛得到了释放，长长地舒了口气。

然而，八叔很快便意识到，蛋鸡养殖这条路并不好走。不仅需要大量的资金投入，而且资金的周转也需及时，同时还要面对众多复杂且难以预测的专业技术难题。他深感自己势单力薄。

然而，正如那句老话所说，转机总是青睐有准备的人。

1997年4月，八叔在收拾办公桌桌面废纸时，一张名片吸引了他的注意。这张名片背后，隐藏着一段与八叔紧密相连的传奇故事。中央电视台第7频道的《致富经》栏目曾以《一张名片引发的亿元财富》为题，详细报道了八叔与这张名片之间的不解之缘。

那年，有两个陌生人来到八叔的蛋鸡养殖场，说是有重要事情要和杨幸注商量，但是八叔当时并没有在场里。那天正好是清明节，八叔和儿子杨伟洪扫墓去了，来访的人也没有事先打招呼，看八叔不在,留下一张名片就离开了。在那两个陌生人来访的时候,场里的员工黄庆能看到了,但是并没把它当作一回事。

几天后,八叔如常整理着桌面,把废纸之类的东西扔进垃圾桶。此时,发现了一张陌生的名片。名片上的字八叔一个都不认识,一问懂英文的人才知道,这张名片是美国伊势蛋鸡公司亚洲部总经理何森的。

八叔早就知道,美国伊势蛋鸡公司是日本伊势食品株式会社的海外企业。日本伊势是全球最大的鸡蛋生产企业。公司成立于1912年,伊势集团始终致力于研发和生产优质鸡蛋。他们在日本和美国均秉持着百年的品质管理传统,追求为消费者提供美味、健康、安全的鸡蛋产品。其创始人伊势多一郎,从20世纪起就专注于种鸡的遗传和育种改良。公司在日本供蛋占了半壁江山,并在美国、新加坡等多个国家跨国经营。行内人都知道,美国伊势公司在当时是世界上技术领先的蛋鸡公司。在美国,有三分之一的鸡蛋是它供给的。

不管伊势公司的老板为什么要来八叔的养殖场。八叔冥冥之中意识到,这张名片的出现并非偶然,或许是命运的安排。他敏锐地察觉到这是一个难得的机会,绝对不能轻易放过。即使无法马上与美国伊势公司达成合作,也能通过这家公司了解更多关于蛋鸡市场的信息,为未来可能的合作打下基础。

于是,八叔毫不犹豫拿起电话,按照名片上的号码拨了过去。那边是美国伊势公司亚洲部总经理何森。何森说,上次陪美国伊势公司的老板是为了寻求合作而来。但并没有特定的考察对象,所以见八叔不在就离开了。目前对华南的考察已经结束,几天前就转道香港了。之前，何森先生已经陪同伊势公司的田畑总经理从东北到华北实地考察近半年，还是无法定夺谁是他们未来的养殖蛋鸡的合作伙伴。

伊势公司在日本和美国拥有压倒性的市场份额，但在中国市场仍是空白，中国庞大的人口和巨大的鸡蛋消费市场前景有足够的吸引力。尽管伊势公司的田畑和何森两人在国内多地考察过，却一直没有找到合适的合作伙伴。看到八叔三番五次地打电话，田畑就决定再来一次。为了会谈的方便，八叔还打电话给在广州从事英语翻译的侄子杨茂青专门回来高州做现场翻译。

五月的一天，何森陪同田畑以一袭西装革履的庄重打扮来到八叔的蛋鸡场。穿着洗得发白工装的八叔快步迎了出来，脸上堆满憨厚的笑容。双方着装上形成强烈的反差，但在专业交流上却有很多的共同语言。

客人参观鸡场时看得很仔细。八叔干脆让他们在前面走，自己在后面跟着，随便他俩爱看哪就看哪。鸡舍看起来比较简陋，但鸡栏布局井井有条，鸡群毛色锃亮，生长状态甚佳，几乎闻不到蛋鸡养殖场通常的异样味道。另一个区域，鸡蛋成品、饲料等物件分头摆放得井井有条。

八叔不卑不亢地说了句："比起你们的鸡场，我这里是不是有点寒酸呀？"何森没有直接回应，而是问："这里产蛋率多少？"

八叔自豪地说："90%以上。"

"90%以上？"何森露出惊讶的眼神，田畑听到何森的翻译，也露出了同样意外的表情。八叔解释道："依我们这里的饲料成本，做不到这样的产蛋率是赚不到钱的，所以我们花了很多心思去保住这个产蛋率。当然规模扩大后，如果管理跟不上，很难保得住这个产蛋率。"

经过一番考察，田畑发现八叔的蛋鸡场虽然规模不算大，但管理却十分精细。他对八叔这个领头人更是赞赏有加。在田畑看来，八叔是个坦率、实在、勤俭的人，而且富有主见和创新意识。他相信八叔这样的领导者，一定能够带领蛋鸡场走向更大的成功。

一个企业会怎么样，就看老板是怎样。合作这件大事，可以说是双方一拍即合。经过协商，双方决定采取"合作经营，对等投资，风险共担，利益共享"的合作模式。总股本定为600万元，双方各占50%的股份。八叔将自己的场地和设备折算成股份，不足的部

合资企业高州伊势农业有限公司成立，中美双方企业负责人商议发展计划

分以资金形式补足；而美国伊势公司则直接以现金入股。双方共同成立了股份公司，专注于蛋鸡的养殖业务。为了确保公司的顺利运营，伊势公司全权委托八叔负责公司的经营管理。

20世纪90年代的粤西，中外合资的项目并不多见，特别是在农业领域更是罕见。尤其是在八叔所在的乡村，村里人与外国人合伙做生意更是闻所未闻。当美国蛋鸡公司决定与八叔的绿杨蛋鸡养殖有限公司合资养殖蛋鸡时，整个村庄都沸腾了。不要说与外国人合伙做生意，就连一个高鼻子、蓝眼睛的"洋鬼子"进村，也会引起村里人的围观。每当有外国人出现，村里的孩子们会跟在后面跑，大人们则聚在一起窃窃私语着。

高州市委、市政府为八叔的中外合资项目举行了隆重的签约典礼。市长卢方圆、相关部门负责人以及大井镇的领导如数出席了这

个盛大的活动。八叔这回可真是露脸了！会场布置得非常隆重，八叔的名字被频繁提及。

但是在会前，一听出席会议要西装领带打扮，八叔就有点慌了！八叔极少穿西装，更别提打领带了。无奈中忙活了半天，打完领结登台，大家伙一看都乐了：那领带歪歪扭扭地蜷缩着，打得像"套狗绳结"的样子。大家看到他的装扮都忍不住笑了起来。八叔也憨笑着，但他顾不上尴尬，他要忙的事多着哩！对他来说，这些外在的形式并不重要，重要的是他即将迈出的这一步。他知道，尽管自己看起来土得掉渣，但他即将开启的合资项目将为他的事业带来前所未有的机遇。

1998年底，八叔的蛋鸡养殖场以中美合资合作的方式正式开始投产，第一批蛋鸡就达到了5万只，此后连续几年的发展规模越来越大。

同年，八叔因其开放型的农业经营理念，成功当选为广东省茂名市第八届人大代表。这一使命和荣誉的赋予，不仅是对他个人努力的肯定，也预示着他未来在农业领域将有更大的作为。

第四节
离经叛道的起死回生

八叔的独特之处，在于他从不随波逐流，而是往往选择逆风前行。

当初，他毅然放弃驾轻就熟的肉鸡养殖，转而挑战蛋鸡养殖，这无疑是一次大胆的尝试和突破。而今，他再次打破常规，将鸡舍从平地迁至山顶，这一颠覆性的举措最终帮助他突破了南方蛋鸡养殖的瓶颈，让生意转上坦途，被称为"离经叛道的起死回生"！

早在2000年前，广东的蛋鸡养殖业便面临严峻的挑战。南方湿热的气候使得蛋鸡发病率和死亡率居高不下，产蛋率也极不稳定。技术数据显示，一旦鸡舍内温度超过35度，蛋鸡便难以承受，甚至死亡。而从经营角度来看，产蛋率一旦低于85%，就意味着亏损。

因此，许多广东的蛋鸡养殖场纷纷倒闭或转行。行业内的亏损严重，广东的蛋鸡养殖业几乎岌岌可危。那个时候，广东人买鸡蛋都要带上手电筒，透过光线检查蛋黄是否"散黄"，以确保鸡蛋的新鲜度，因为市场上的鸡蛋大多是从外省长途运输而来，很多已经不新鲜了。

八叔与美国伊势公司合作后，随着养殖规模的扩大和气候的变化，气温不适应的问题愈发凸显。产蛋率不稳定，有时甚至低于85%，死鸡现象也频繁出现，有时甚至一天就会死好几千只。

2000年，《南方农村报》的报道震惊了四方，称由于湿热气候和饲料来自北方等原因，广东的蛋鸡养殖产业将全线退出。许多人认为八叔也会选择放弃。但八叔反而由此看到了别人看不到的商机。

八叔深知，行业的大规模退出意味着巨大的市场空间等待着他去填补。他喜欢挑战困难，做那些看似艰难但正确的事情。然而，他也清楚，要在这个行业中立足，就必须解决蛋鸡养殖在湿热气候下发病率、死亡率高和产蛋率低的问题。

八叔陷入苦苦的思索，从自己的企业到整个南方蛋鸡养殖行业，他冥冥中寻找着破解难题的出路。他反复研读蛋鸡养殖的教科书，注意到专家们普遍认为"鸡场应该建在向南的平地或山脚下，以避免北风的寒潮侵袭。"但八叔不禁自问："这个定律在北方是对的，但在广东这样湿热的气候条件下是否仍然适用呢？"

带着这个疑问，八叔走出闷热的鸡舍，一边苦苦地思索着，一边向山上拾级而行……不知不觉登上了山顶。迎面而来的凉风让他顿感清爽，空气清新，头脑也变得更加清晰。就在那一刻，一个念头突然闪过他的脑海：如果把鸡场建在山顶上，不就能够避开闷热潮湿的环境了吗？

八叔顺着这个思路往下想："广东属亚热带季风气候，常年湿热。而山顶空气流动好，体感凉快，与山下相比温差较大，加上茂名地区临海，风源充足，高处分外凉爽……"这一刻，八叔心中的迷雾仿佛被一阵风吹散了。他坚定地认为，要改变那种难受的高热潮湿环境，把鸡场建在山顶上绝对是个值得尝试的办法！

八叔属行动派，决定了马上就干！八叔的这个决定让场里的管理层认为简直是异想天开，畜牧专家也表示不可行。场里有老员工苦劝八叔："现在资金本来就紧张，俗话说'上屋搬下屋不见三斗谷'而且前途未卜，还是不要折腾了！"八叔有一个这样的犟脾气，大家都说不行的事，他偏要去干，而且不认为自己是蛮干。

山顶上的第一个鸡场很快建成。为了增加透气性，八叔没有采用传统的砖墙围蔽方式，而是用帆布围起四周。这帆布是可以活动的，闷热的时候挂起来，寒冷的时候或者晚上就放下来。正如八叔所预料的那样，山顶上空气流动快，鸡舍里的通风良好，气温明显降低了。经过几个月的运行，效果非常显著，一切都按照他的预想顺利进行！

建在山顶上的蛋鸡场

蛋鸡场管理负责人陈庆德深有感触地回忆道:"当时提议把鸡场建在山顶上我们都觉得离奇,大家的想法很不一样,反对的声音很多,结果却大获成功,大家才佩服八叔的过人胆识!之后公司的发展峰回路转,蛋鸡养殖规模迅速扩大,位列全国前几名。我最大的感触是,当所有专家和专业文献都建议在山脚附近养殖蛋鸡时,八叔却敢于逆向思维,选择在山顶上饲养,事实证明他的决定是正确的。"

时任高州市禽牧局副局长梁厚华考察山顶鸡场后,对此充分肯定:"蛋鸡在炎热潮湿的环境下生长发育不好,产蛋率不高,把它搬到通风透气的地方,阳光充足的地方,它的生长发育就好了,产蛋率就提高了,整个效益就上去了。而且又节省了农地,值得推广!"

就这样,八叔凭借着与教科书背道而驰的勇气和智慧,成功地将旧鸡场迁移到山顶上,彻底解决了蛋鸡养殖中的高发病率、高死亡率和低产蛋率等难题。同时,这一创新模式还节省了大量的农地和用地成本。从此,旧鸡场逐步移迁山上,新鸡场则一律选择在山顶上。

第五节 把鸡当孩子来养

八叔对蛋鸡养殖有着深厚且独到的见解,他从对养殖一窍不通的外行人,到成为这一领域的专家,从平凡的农民到成功的老板。人们都说八叔具有无师自通的天赋,但八叔总是谦逊地摇摇头并说道:"我想要说的是,真正的成功并非无师自通。每个人的成就背后,都是无数次的尝试和不懈的努力。"

八叔承认自己从小就热爱土地,对农业,特别是种植养殖有一种特有的热爱。这种热爱不断激发着他的灵感,让他看起来像是有一种无师自通的天赋。但八叔从不以"天赋"自负,他说:"如果仅依仗天赋,天赋或许成为你的包袱,消磨你的斗志,使你懈怠。自赋更为重要,所谓'自赋'就是亲身实践所赋,是由韧性和苦痛熬成的,我甚至做到了把鸡当孩子来养。"

八叔说,他的"老师"是实践,鸡的养殖过程教会你怎样做。他的"课堂"在鸡舍,而他的"教科书"不在纸本上,而是在边做边学中不断总结,永续撰写无字的"教科书"。他强调每一行都有其独特的学问。以养鸡为例,就涉及育种、营养、禽病预防和兽医等多个专业领域。当时创业刚起步时,小企业老板就要什么都要懂，凡事亲力亲为，不可能每一个工种都请一个专业人士来做，这样自己就有了全面和丰富的实践。

八叔初入蛋鸡养殖行业时，犹如在茫茫大海中航行却没有指南针的船只，因经验极度匮乏，毅然踏上了探寻养殖诀窍的艰难征程，辗转上海、北京、江苏等地。可取经之途，并不如意。多数人对他的询问要么敷衍应对，只说三分话，要么干脆避而不谈。八叔的内心虽有些沮丧，但他深知这或许是行业内的普遍现象，只能坦然面对。

在北京，八叔幸运地结识了江苏人周旭东。周旭东不仅热心，而且极其坦诚。他滔滔不绝地向八叔介绍蛋鸡养殖的要害与窍门，从至关重要的养殖技术，到直接影响效益的产蛋率，再到关乎成本控制的各个细节，以及销售环节的关键要点，无一遗漏。

八叔听着周旭东的讲解，眼睛一刻也不敢眨，生怕错过任何一个关键信息。他紧锁眉头，努力理解那些复杂的技术要点，脑海中不断思索着如何将其与自己的设想相结合。每当周旭东讲到精妙之处，八叔的眼睛里都会闪烁着兴奋的光芒，那光芒中饱含着对知识的渴望和对未来的期许。他手中的笔不停地记录着，本子上密密麻麻地写满了他对这些宝贵经验的理解和感悟。他还不时地插话，向周旭东请教一些自己疑惑的问题。八叔的声音中充满了感激："周兄，您讲的对我太重要了！"这份感激之情溢于言表，让人深切感受到他对知识的珍视。

在周旭东的热心引荐下，八叔来到了江苏海安县——这个最早养蛋鸡的地区。一进入养鸡场，八叔就像一块干涸的海绵掉进了知识的海洋，迫不及待地汲取着每一滴养分。他与当地养鸡场主交流时，不放过任何一个细节。无论是鸡舍的布局、饲料的调配，还是疾病的防控措施,他都问得仔仔细细。晚上,他独自一人在房间里,认真梳理着白天所学的内容,将其与自己之前的一些想法反复对比、融合,试图寻找到最适合自己的方法,那专注的模样仿佛整个世界都与他无关,只有眼前的这些知识和他心中的梦想。

回到广东后,八叔结合所学经验与本地实际情况,充分考虑广东独特的气候条件、相对较高的人工成本、复杂的供应链以及多样化的市场渠道等因素,经过无数次的思考和尝试,终于形成了一套适合自己的养殖和营销方法。

八叔常说:"养鸡,就要把鸡当孩子来养。鸡如其人。人如果不细心,就连自己健康的变化也往往感受不到,何况要了解禽畜身体状况更为复杂。因为鸡它不会说话、不会聆听,就像初生的婴儿,患什么疾病,需要靠你去推断。只有潜心观察,鸡的感受和变化才可以感悟到。"每当夜幕降临,大多数人沉浸在甜美的梦乡中时,八叔却选择留守在鸡舍旁,时刻留意着鸡群的细微变化。深夜,他轻手轻脚地起身,月光透过窗户柔和地洒在他专注而坚定的脸庞上,他的眼神温柔而细腻,如同一位父亲在默默守护着自己的婴儿。他轻轻走过每一排鸡笼,细心地观察和倾听着每一只鸡的呼吸和动静,生怕自己的动作会惊扰到它们。就这

八叔把鸡当孩子来养

样长年累月积累经验和技术，得出的感悟是养鸡和养育孩子是差不多的。需要了解鸡的生长状况，就要凝神关注，这是一种沉浸式的体验。

八叔的耳朵异常灵敏，能够分辨出鸡群中任何不寻常的声音。八叔的眼睛能够捕捉到鸡群中最微小的变化，无论是呼吸的急促与轻缓，还是活动的频率。八叔偶尔低声细语地与鸡群交谈，仿佛在分享着彼此的秘密。他的语气充满了爱意和关怀，就像对待自己的孩子一样。

八叔相信，通过潜心观察和细致的照料，他能够读懂鸡的感受。他常说："鸡虽不会说话，但它们的每一个动作、每一次呼吸都在向我传达信息。"在这种深度的交流中，八叔与他的鸡群建立了一种特殊的联系，仿佛达到了心灵互通的境界。

八叔能通过观察鸡群状况以判断疾病。比如，健康鸡只，两眼圆而有神，精神饱满，反应灵敏，鸣叫声音响亮，采食良好。而病鸡则闭目呆立，两眼无神，精神委顿，翅膀下垂，步态不稳，运动失调，叫声低哑或没有叫声，不愿吃食，嗜睡等。八叔还可倾听鸡的呼吸和叫声，如喉咙里发出的啰音，从而判断鸡的健康状况。健康的鸡，呼吸平稳，无异常声响。而病鸡，可能出现呼吸粗粝、有水泡音或"呕呕"音、喘鸣音等呼吸道异常声响。一旦发现异常声音要立刻采取相应的措施，隔离病鸡，防止疾病扩散。还可药物治疗、疫苗接种等。

美国专家哈宝对八叔的独到技能感到惊讶。哈宝，总是穿着一条蓝灰色的牛仔裤，束着一件红格布料的衬衫，显得干练利落。哈宝是一位在美国享有盛誉的蛋鸡养殖专家，也对八叔的特殊功能感到不可思议。他这样问八叔："当时那些罕见的鸡病就算在美国有高端的检测仪器，也是很难诊断的。你是怎样探出其中奥秘的？"当他听说八叔"把鸡当孩子来养"，能凭借日常观察和经验，通过反复的对比、试验，来识别鸡的病情并处理鸡病时，他的声音中充满了好奇："八叔，您凭自己的感观就能通达鸡的习性，看到肉眼看不见的异常，很难想象你是怎么做到的？在美国，我们通常都是通过实验室检测来诊断这些病症的。在这里，我们连检测仪器设备的费用都省掉了。真应该给您的技术追加股权了！"

八叔则谦虚地笑着，用他那惯有的简单而朴实的话语说："每天面对着那么多鸡，对病鸡观察透了，解剖多了自然而然就认识了。我每天都和这些鸡在一起，久而久之，就能感觉到它们的细微变化了。我只是用心观察，多了解它们而已。"

每当哈宝从美国来到养殖场，他总是异常兴奋地与八叔热烈拥抱，伸出大拇指表示赞赏。为什么哈宝那么高兴呢？当时八叔的蛋鸡产蛋率达90%以上，这在美国是不可想象的，美国的产蛋率只有80%多一点。哈宝说："美国的模式不一样。美国饲料便宜，人工高昂，管理就粗放一点。"八叔接着说："国内不一样，饲料成本高，如果你的产量达不到9成就没有利润空间，就要想方设法做到最好。"

哈宝的赞赏和敬佩不仅是对八叔技术的认可，更是对他那种用心与鸡群建立深切联系的工作态度的肯定。八叔的故事在中美养殖行业中传开，成为一段佳话。他用自己"把鸡当孩子来养"的实践证明，用心、专注和对动物的深切关怀，有时比最先进的技术更为有效。

第六节 "养殖业的博士"

1993年八叔应邀到北京出席农业部召开的养殖研讨会议作专题发言。讨论时，对八叔的独特见解连该学科的大学本科生、博士生都弄不懂，所以八叔的周围每个晚上都是坐满聆听的学生。那是北京的一个寒冷的冬夜，会议已经结束，礼堂内灯光昏暗，穿着深灰色棉衣的八叔坐在那张木椅上的身影显得格外引人注目。学生们围坐在八叔周围，眼中闪烁着对知识的渴望和对这位"乡村教授"的敬佩。

八叔的声音虽然不高，讲的普通话也不标准，但每个字都传递着深邃的经验和智慧。当他谈论起养鸡的细节时，他的眼睛会亮起来，仿佛回到了自己熟悉的鸡场上。他说到育种孵化鸡苗温度要37.8度，不能提高或者降低0.1度，要掌握得非常精确。学生们惊讶地看着他，不解地问道："您是怎样掌握这么微小的差异？"八叔微笑着回答："我是对鸡苗的一次次的记录和对比中摸索出来的。"

当八叔介绍饲料营养的配比时，他说得严谨而专业。他谈到蛋白含量，豆粕、花生麸、玉米等各种饲料的配比，精确到小数点后面的两位数。八叔说这些数据一方面是参考有关文献资料，另一方面也要结合饲养实际，通过反复磨合达到科学的界定，可以反过来充实教科书的内容。学生们听得入迷。有的拿着笔和纸急切地记录下每一个要点，有的低头思考，有的抬头询问。

同学们最欣赏的是八叔能用简单的话语讲述着复杂的养殖技术，让这些理论知识变得易于理解。他的话语中没有华丽的辞藻，只有实实在在的数据和可操作的技术。每当八叔解答他们的疑惑时，他们的脸上都会露出满意的微笑。学生们对八叔的敬意油然而生。有同学问："您对自己的哪项成果最满意？"八叔说："我对各项成果都不是很满意，满意了，探索之旅就停步了。"那学生又反问："那您对哪些最不满意？"八叔微笑着说："我都满意，因为这些都是目前相对科学的成果。"众人会意大笑。课外的讲堂气氛更加活跃，纷纷称赞八叔是他们的活教材。

就这样，一个只读过几年书的农民，当起了大学生的"教授"。师生们都心服诚悦地尊称八叔为"养殖业的博士"。但见八叔谦虚地笑着，摆摆手表示这只是他多年来的一点心得。这个夜晚，八叔不仅传授了知识，更传递了一种精神：无论出身如何，只要勤奋努力，就能成就非凡。他用自己的故事，激励着每一个听众，成为那个冬夜最温暖的存在。

八叔被称为"养殖业的博士"，最令人信服的是他以非凡的认知能力和探索的勇气，成功地自制适合自用的家禽土疫苗。

1998年，八叔发现购买的疫苗在自家蛋鸡身上效果并不理想。他深入观察，从蛋鸡的肝肾中分离出病原体，发现这些病原体与疫苗所针对的毒株并不吻合。原来，南方的病毒类型与北方有所不同，导致疫苗失去了应有的效果。

鞋合不合穿，只是脚知道。八叔突然做出一个异想天开的决定，自制疫苗！他皱着眉头，苦苦思索，铁定决心要亲自破解其中的密码。于是八叔进行一次大胆的实验，他将病鸡的内脏取出，伴水打碎，过滤后用福尔马林拌匀，放入容器进行灭活。在这个过程中，他的眼神坚定而专注，仿佛在与病毒赛跑，非要揪住这狡猾的病毒的尾巴。

他时而皱眉思考，时而微笑点头，仿佛在与自己的内心对话。当福尔马林挥发后，土疫苗终于制成。八叔拿起一瓶土疫苗，眼中闪烁兴奋和半信半疑的期待。

当八叔将土疫苗用于自家的蛋鸡，经过反复验证，疫苗适用，达到预期效果！八叔的努力得到了回报，他的脸上洋溢着幸福的笑容。有员工打趣说："自制疫苗砸了药厂的饭碗，救了自家的鸡。"八叔这时反而显得格外平静，人们从他波澜不惊的表情中，解读到了他内心的自豪和对家禽的关爱。

八叔的聪明才智与这种对实践的专注，正是他成为"养殖业博士"的关键。他的事迹告诉我们，只要用心去做，不断尝试和创新，业有专攻，就能创造出属于自己的奇迹，攀登至专业的顶峰。

第七节　让鸡蛋在流水线上流淌

　　早期的蛋鸡养殖都是传统的劳动密集型，蛋鸡场各个环节都靠人工操作。在一般规模的蛋鸡场，员工数量往往能达到三四百名。那时劳动力充裕，人工成本低，企业尽享"人口红利"。

　　近十年来，那些曾经依赖人口红利生存的企业逐渐遭遇到了发展的瓶颈。要提高养鸡场的生产效率和养殖质量，同时降低人力成本和减少环境污染，引入自动化设备成为关键所在。

　　然而在当时，许多经营者却抱持着"有得赚就先赚"的心态，对升级改造之事缺乏应有的重视。八叔却与众不同，他居安思危，率先一步考虑把机械化、自动化引入蛋鸡养殖。八叔说，一个真正的企业家要有远见，起码要预见十年、二十年甚至更长远的发展趋势。如果只安于现状，不作长远打算，这样的企业肯定是走不长远的。

　　正在运筹之时，一件不测之事倒逼八叔加快机械化、自动化的进程。2013年8月的一天，高州市环保局到八叔的蛋鸡场检查生产环保情况，认为鸡粪湿堆封闭发酵，废气排放不达标，作出了行政罚款5万元的处罚。八叔创业以来，年年获得省市县各级荣誉奖项无数，被处罚是头一遭。尽管环保部门声称这仅是程序性劝诫，但这件事对八叔的触动不可谓不大。他认为自动化收集蛋鸡排泄物烘干处理，是环保达标的有效途径。

八叔深知机械化、自动化的投入大，技术难度大，如果方案不合适，意味着风险也大。所以八叔并没有贸然行动，而是进行了详尽的了解和深入的调研。他强调，自己做事向来都是经过多方调查和研究，仔细计算成本和效益，绝不草率行事。八叔跑过河南、四川、江苏等地做了相应的考察评估，了解自动化和人工操作的差别在哪里，需要投入多少，什么样的设备适用，如何实施……考察也遇到不少困难，想找到一个说实话的人太难了。幸运的是，他遇到了一位四川的民营蛋场张老板，张老板真诚地向他讲述了自动化的技术性、适应性以及实际操作中的经验教训。张老板详细列举自动化设备配置，包括喂料设备、饮水设备、清粪收集和烘干设备、光照及通风降温设备、集蛋包装设备等。八叔了解到，这些设备要根据自身的养殖规模和需求进行个性化搭配，这需要进行大量的细致研究和判断。

关于自动化养鸡场的投入规模，八叔认为这是一个需要综合考虑的问题。他明白，只有在全面评估各种因素和实际需求的基础上，才能做出最合适的投资决策。经过深入的调查和研究，八叔最终得出结论：自己的蛋鸡养殖实现机械化、自动化是可行的。于是，他坚定了行动的方向。

八叔在运作过程中，始终秉持着独立思考的原则，不盲目跟风，而是根据自己所掌握的情况，结合本场的实际进行多方面的分析。

面对海量的网络信息，他始终保持着清醒的头脑，去判断信息的真假，精心筛选过滤，同时也充分汲取正反两方面的经验。以广州的一个失败案例为例，虽然实现了机械化、自动化，但由于鸡蛋收集系统不适用，导致破蛋多，同时鸡粪收集不完全。降低了自动化程度，功能不齐全，刚起步就失败了。

经过对同行业的一番了解，决定自己设定自动化设备的基本方案，然后才交付厂家生产制造。八叔光在潭头镇的一个场点，投入了几个月的时间进行方案制定。他仔细考虑了机械化投入规模的经济性、蛋鸡养殖各个环节的自动化技术难题、设备的适应性、定制和使用，以及后期维护等一系列问题。起初定制设备过程中，他发现潭头镇的场点的设备方案并不适用，虽然浪费了定金，但也只能忍痛放弃。在经过不断地调整和优化，他最终找到了一套既合适又节省、高配的自动化方案，选择了合适的自动化设备生产厂家。

历时两年，八叔和其他几个志同道合的伙伴共同筹资2亿多元，在2015年建成了位于曹江镇的"绿杨"自动化蛋鸡鸡场，存栏蛋鸡高达120万蛋鸡，还有30万中小鸡鸡舍。绿杨和杨氏这两个蛋鸡场的产蛋规模成为广东最大的鸡蛋生产供应商。实现了蛋鸡生产的全面机械化、自动化。现在，一栋鸡场五层近十万只鸡只需一个人负责。饲料传送实现了自动化，鸡群可以直接从供水带啄水装置饮水，而且水质也得到了保障。鸡的粪便和地面清洁都实现了自动化处理，达到环保标准。收集鸡蛋有传送装置，直接传送到包装区。装托同样都不用人工，所有装箱的鸡蛋在最后的程序中灯检、清洗、消毒、烘干，最后再自动分拣，按大小分别装箱。

第三章 蛋鸡大王

自动化实施后,八叔的蛋鸡场产量比传统手工操作提升了30%,更令人惊讶的是用工人数却减到原来的10%,这意味着劳动生产率飙升了10倍。这一转变,标志着从"人口红利"到"科技红利"的成功转型升级。当专家们实地考察后,他们纷纷对八叔的创新和成果给予了高度的评价和肯定。这份成就感让八叔内心的喜悦难以用言语表达。在鸡场内,鸡蛋如同溪流般在传送带上缓缓流淌,这一幕仿佛象征着八叔站在不断变化的时代潮头,敏锐地捕捉并把握住了可持续发展的先机。

八叔的努力和成就得到了社会的认可。他荣获茂名市人民政府颁发的"茂名市发展非公有经济突出贡献者"称号,还连续当选为茂名市第九届人大代表和第九届广东省政协委员。这些荣誉不仅是对他个人努力的肯定,更是对他为地方经济发展所作贡献的认可。

第八节
登上"终身成就奖"殿堂

2024年3月28日的广州，庄严的礼堂大厅响起经久不息的掌声——广东省家禽业协会授予杨幸注家禽养殖"终身成就奖"！

获奖词这样写道："杨幸注，广东蛋鸡产业发展的先行者和推动者。他是广东蛋鸡产业第一个敢吃螃蟹的人，打破广东不适合养殖蛋鸡的魔咒，拉开广东蛋鸡养殖技术革新的序幕，成功打响广东本土鸡蛋的品牌力！"

八叔发表获奖感言:"我小学毕业,没有高学历,也没有受过专业的培训。但我有一颗热爱学习的心。我不断地阅读、请教,反复实践,善于总结,才逐渐摸索出了蛋鸡养殖的窍门。如果说有什么经验,只有一句话就是:不断创新求发展!"

自1997年建立第一个蛋鸡场以来,八叔在17年间建立了15个蛋鸡场,几乎每年都有一个新场投入运营。如今,他的鸡场占地370亩,总投资2.3亿元,拥有200万羽蛋鸡,日产鲜蛋100吨,年产值高达2亿多元。其蛋鸡养殖规模和蛋产量均位居全省第一。

2000年,八叔被广东省人民政府评选为广东省劳动模范。

2003年,八叔的蛋鸡养殖场被广东省人民政府评选为广东省农业龙头企业。

2007年,八叔收购合资合作公司美方的股份,成为独资企业,更名为广东杨氏农业有限公司。

2009年,广东杨氏农业有限公司被广东省农业厅评为省级现代农业园区。

2010年,广东杨氏农业有限公司被评为广东省现代产业500强项目。

2011年,广东杨氏农业有限公司被广东省科学技术厅评为广东省健康农业科技示范基地。

2013年,广东杨氏农业有限公司被中华人民共和国农业部评为蛋鸡标准化示范场。广东杨氏农业有限公司被广东省农业厅授予广东省菜篮子基地称号。

2014年,广东杨氏农业有限公司被广东省农业厅评为广东省重点家禽养殖场。

2015年，绿杨蛋成为广东省名牌产品，绿杨鲜鸡蛋被评为广东名蛋。

2017年，广东杨氏农业有限公司被广东省科学技术厅评为广东省蛋鸡健康养殖及加工产业化工程技术研究中心。广东绿杨农业股份有限公司被评为广东省菜篮子基地。

2018年，广东绿杨农业股份有限公司被广东省农业农村厅授予广东省现代化美丽牧场称号。

2019年，广东绿杨农业股份有限公司，被广东省农业农村厅授予广东省家禽产业技术体系示范基地称号。广东绿杨农业股份有限公司，被广东省农业农村厅授予广东省重点农业龙头企业称号。

而八叔本人于2024年被省家禽业协会授予"家禽养殖终身成就奖"，登上家禽养殖业的最高殿堂！

蛋鸡场的总经理陈庆德如数家珍地列出公司的这些荣誉，无比自豪地说："八叔的蛋鸡养殖公司赢得了国家和省市各级政府的极高赞誉。这些荣誉不仅彰显了公司在规模、效益、科技、环保、品牌建设以及标准化管理等方面的卓越地位，更是对八叔及其团队不懈努力的最高肯定。尤其是广东杨氏农业有限公司被中华人民共和国农业部评为蛋鸡标准化示范场，意义非凡！"

按照国务院文件的定义，示范场代表着行业的最高标准，它们以标准化、现代化生产为核心，追求高效生产、环境友好、产品安全和管理先进，为整个行业树立了标杆。中国农业科学院农经所所长秦富先生对此给予了高度评价，他认为杨氏企业获得农业标准化示范场称号，代表着在规模、质量、标准化等方面都达到了行业的最高标准，是行业代表和行业领先的最高成就。

八叔的蛋鸡养殖业不仅在规模上做到了全省最大，更在品质、管理和可持续发展等方面达到了最佳水平。他凭借自己的努力和智慧，成功打造了商业标为"绿杨"的蛋鸡养殖的知名品牌，为南中国的蛋鸡产业树立了新的标杆。因此，他被大家亲切地称为"蛋鸡大王"，这一称号实至名归，他的成就和贡献我们将永远被铭记。

第九节
引领家乡成为"蛋鸡专业镇"

鉴江河与大井河交汇处，是八叔的家乡大井镇。

八叔引领家乡村民发展蛋鸡养殖业，财富之源就像两河交汇般在大井镇汇合，先富带后富的潮流，奔向希望的前方。

笔者采访了退休的大井镇人大原主席陈祖瑞。他说，在他担任镇政府领导并分管农业的时期，他亲眼见证了八叔如何带领村民们养鸡致富的过程。

大井镇总面积128平方公里，人口约6万人，下辖14个村委会和1个居委会。自20世纪90年代以来，八叔的善举得到了高州市农业管理部门和镇委、镇政府的支持，以公司加农户为主要方式，带领全镇蛋鸡养殖走向规模化发展。

起初，村民们对于养鸡增加收入既抱有期待又充满疑虑。他们围绕在八叔身边，询问资金、技术、饲料、鸡苗、防疫和销路等问题。面对村民们的疑虑，八叔用他那朴实无华的语言分享自己的经验，安抚着大家："养鸡就像种田，需要耐心和细心，我会带领大家一起慢慢走好这条路。"

为了更好地帮助村民，八叔牵头成立了蛋鸡协会，并定期组织技术交流会。在这些会议上,八叔总是充满热情,他的话语既专业而又简单易懂,让村民们逐渐消除了顾虑。村民们的脸上开始露出了兴奋和期待的表情,大家之间的对话也从疑虑转变为热烈的讨论。当八叔解释这些养殖和经营模式时,他的手势坚定有力,仿佛在为他们描绘一个充满希望的未来。

八叔就这样将自己的养殖技术毫无保留地分享给了村民,不厌其烦地倾听村民们提出的问题,回答村民们的提问,与大家共同探讨、交流。

八叔引导农户进行蛋鸡养殖,主要采取了一种"公司+农户"的合作方式,具体做法是:

公司负责提供鸡苗、饲料、兽药等生产资料。鸡苗的品质经过公司筛选,饲料和兽药也由公司统一供应,这能保证养殖投入品的

八叔向家乡大井镇村民传授蛋鸡养殖专业知识

质量。同时，公司还会无偿为农户提供技术支持，包括对养殖环境的控制，如鸡舍的温度、湿度、通风等条件的调节，饲料配方、疫病防治等。

农户则提供场地和劳动力，按照公司的要求搭建鸡舍，进行日常的饲养管理工作，像添水、喂料、打扫鸡舍等。在蛋鸡产蛋后，公司会负责回收鸡蛋，通过自身的销售渠道，将鸡蛋销售出去。农户也可自行销售鸡蛋，向公司返还相关费用。通常的做法是通过公司的销售渠道把鲜蛋销售出去，最后，公司和农户根据事先约定好的方式来分配利润。常见的是按养殖数量或者鸡蛋产量等来分配。

这种"公司+农户"模式都是为了降低村民的养殖风险，确保他们有可靠的技术保障和一个稳定的销售渠道以及相应的经济收益。例如坡村全村32户180人，除了4户是独居老人外，就有28户都养蛋鸡，整条村被评定为"养鸡专业村"。在公司+农户模式的推动下，大井一个镇就有十多条养鸡专业村，上万养鸡专业户。

八叔的公司在这个合作模式中发挥着关键的作用，而农户的养殖业也在这种模式下得到了迅速的发展。这种互利共赢的模式，不仅让八叔的公司得到了壮大，也让村民们走上了致富的道路。

陈祖瑞回忆当年的情景：每天天刚亮，一位穿着粗布衣和解放鞋的老农，骑着二轮摩托车在乡间小路上穿行，打破了乡村的沉寂。村民听到这熟悉的马达声就赶忙迎了出来，迎接中美合资企业的老板八叔。八叔天亮前在自己鸡场里安排好饲料配制、消毒、鸡苗温度监测等事项后，又迎着朝霞骑上摩托车到各家农户去了解养殖情况，传授养殖技术，处理农户遇到的问题。村民们觉得八叔对每家每户蛋鸡养殖当作自己的事业，感怀八叔的勤奋和无私，更加珍惜养殖的商机。

随着时间的推移,越来越多的村民开始加入养鸡行列。他们在八叔的指导下,逐渐掌握了养鸡的技术。村里的气氛也因此变得活跃起来,村里的人们脸上洋溢着笑容和希望。八叔牵头成立的蛋鸡协会成为村里的一面旗帜,带领大家走向了富裕的道路。

至1999年,大井镇迎来了蛋鸡养殖的辉煌时期,全镇蛋鸡存栏量达500万羽,年产鸡蛋量达7万吨,年产值更是达7亿多元,占全镇农业总产值的71%。这一年,大井镇因其在蛋鸡养殖领域的卓越表现,被省人民政府农业厅授予了广东省"蛋鸡养殖专业镇"的荣誉称号。

陈祖瑞说,八叔带动下的蛋鸡养殖事业不仅在家乡蓬勃发展,而且扩展到了茂名、阳江、云浮等粤西地区,甚至延伸至广西周边。在他的引领下,粤西地区逐渐成了广东省蛋鸡养殖的重要基地。

八叔不仅带领农户养鸡增加收入,而且对经济困难的农户给予资金上的帮助。在与农户合作的过程中，八叔提供鸡苗、饲料等物资，让农户们先投入生产，待收成后再进行结算。其中，有一位名叫吴世华的农户，因家境贫寒而无力偿还鸡苗和饲料的款项。八叔了解情况属实后，选择了宽容和谅解，直接免除了他当年的债务。这样的善举让吴世华和其他农户们甚为感激，也更加坚定了他们跟随八叔发展蛋鸡养殖事业的决心。

然而，也有极少数农户在得到了八叔的帮助获得可观的经济收入后，却选择了赖账。有一农户因养殖蛋鸡欠了八叔一大笔应收账款，当八叔去收账时，却被她把凶猛的狗放出来吓唬人。八叔捡起一根木棍把狗吓跑了。这农户却反咬一口说八叔打伤了她的狗，纠缠不休。八叔心中明白，这农户之所以如此蛮横，实际上是不想偿还债务。他心中感到困惑和失望，农户养鸡已经有了一定的收入，为何有人会在接受帮助后反而恩将仇报？而且八叔认为，即使当下有困难也应该通过沟通来解决，而不是采取这种极端的方式。最终，八叔决定通过法律途径来妥善解决这一问题。在法庭上，农户被判决需要偿还八叔的债务。然而，这户农户并未执行判决，仍然以各种理由拒绝还款，甚至不断在村里哭哭啼啼地闹事。后来八叔了解到该农户经济确有一定困难，干脆也把她的债务也免了。

乡亲们都称赞八叔以德报怨，认为八叔的胸怀宽广，是真正的善良之人，八叔用自己的热心和宽容感染了整个村庄，人们更加团结互助，对八叔越来越敬佩！

2006年4月10日，一个阳光灿烂的日子。中共中央政治局原常委、全国人民代表大会常务委员会委员长、时任中共中央政治局委员、广东省委书记张德江视察杨氏农业企业有限公司，与八叔亲切交谈，充分肯定民营经济的重要作用。对八叔坚守农业产业，坚持创新求变，成功发展蛋鸡养殖业的突出成绩并带动村民共同致富的善举表示充分肯定和赞赏。张德江谈笑风生间，指着整齐摆放的鲜蛋好奇地问八叔："八叔，这些鸡蛋为什么要大头朝上竖着摆放呢？"八叔微笑着解释道："这是因为鸡蛋的大头处有一个气室，大头朝上放置，就不会让蛋黄紧贴在蛋壳上，这样有利于鸡蛋的保鲜。而如果将鸡蛋横放或大头朝下，蛋黄就会贴在蛋壳上，时间一长就会形成'靠黄蛋'或'贴皮蛋'。"张德江书记听后频频点头，感叹道："原来行行都有学问，每一行都能出状元啊！"他赞扬八叔专注养鸡，成为养殖业的佼佼者。

八叔从张德江书记热情洋溢、平易近人的态度中，深切体会到了上级对他的肯定，同时也感受到了一种期待和鞭策。这种来自上级的认可和鼓励，让八叔更加坚定了在农业产业上

2006年4月10日上午，中共中央政治局委员、广东省委书记张德江视察高州伊势农业有限公司

继续探索加倍努力的决心。

那些年，广东省委副书记欧广源、广东省副省长李容根和省农业厅、茂名市委市政府的领导也先后到八叔的公司视察调研。这些领导的视察对八叔来说，不仅是一种荣誉，更是一种激励。他感受到了来自上级的支持和期待，决心深耕农业，在养殖业的道路上创造新的辉煌。

八叔的故事，不仅是个人奋斗的故事，更是农业创业、创新和发展的缩影。八叔先后被广东省人民政府评为扶贫先进工作者，被茂名市人民政府评为茂名市第二届十大新闻人物，并连续当选茂名市第十届人大代表。

2025年4月3日，茂名市委书记庄悦群视察八叔的广东绿杨农业有限公司，关切地询问生产销售情况，对八叔养殖业自动化升级改造表示充分的肯定，认为这是农业产业高质量发展的有效途径。并指示供销社等部门指导并协调成立茂名市蛋鸡产业协会，凝聚各方合力，推动茂名地区蛋鸡养殖产业成为一个更大的产业，促进乡村经济的振兴。

三十多年来，在八叔先行一步的带动下，茂名地区的家禽养殖，尤其是蛋鸡养殖规模迅猛扩大，成为全省家禽养殖的重要地区。家禽养殖产业化，有效地使农民增加收入，加快脱贫奔小康的步伐。进入改革开放的新时代，当今中国正全力推进中国式现代化的伟大征程，广东也在积极开展引领"百县千镇万村高质量发展工程"。中国式现代化和"百千万工程"的核心内涵之一便是探索实践乡村振兴、共同富裕，而八叔正是在这片土地上，以自己的方式带领群众探索实践共同富裕的典型范例。

第四章

八叔的园林梦

第一节 不停步的人生下半场

2018年,八叔74岁了。用人家的话说,人生进入了下半场。

一个烟雨蒙蒙的清晨五点,空气中弥漫着泥土与青草交织的清新气息。八叔手挽着那件略显旧色但干净利落的蓝色雨衣,穿着防水的高筒雨靴,正准备与往日一样出门。八婶见状,连忙从屋内走出,把八叔一把拉住:"老头子,这雨这么大,你就在家歇一歇吧。你看小钟,每天不管风雨都要准时来接你,人家小伙子有家有口的,这么早来,咱心里也过意不去。"小钟,那个总是风雨无阻的司机,此刻正站在门外,身影在雨幕中显得有些模糊,却也透露出一种无声的敬意。

八叔闻言,嘴角勾起一抹温和的笑意,他转过身,目光温柔地落在八婶汪秀坤那张被岁月雕刻却依旧美丽的脸庞上。她身穿一袭素雅的棉麻衣裳,衣襟上绣着几朵淡雅的兰花,她的发丝被简单地挽成一个发髻,几缕有点花白的碎发轻轻垂在额前,为她平添了几分温婉与柔情。

八叔轻轻拍了拍八婶的手背,那动作里既有对妻子的感激也有对自己习惯的坚持,笑着说道:"秀坤啊,你又不是不知道我,这

第四章 八叔的园林梦

身子骨闲不住，醒来了不做点事，那才叫难受呢。"言语间，带着几分自嘲和豁达。他故意打趣道："怎么？怕我早起累着你，不愿这么早给我煮早餐啦？"说话间，八叔已轻巧地跃上车座，留给八婶一个充满朝气的背影，宛如一位即将出征的老将，带着几分豪迈与不羁。八婶站在门边，望着丈夫那渐行渐远的车子，眼中闪烁着复杂的情感——有不舍，有骄傲，也有深深的信赖。她知道，无论岁月如何更迭，八叔那颗永远年轻、永远热爱生活的心，依然不会改变。

八叔与八婶的关系，一直成为邻里间传颂的佳话。八婶的关怀与理解，是八叔不断前行的动力；而八叔的乐观与坚韧，则给予了八婶无尽的安全感与骄傲。他们之间的对话，总是充满了温馨与幽默，偶尔的小争执，也只是生活调味剂，让这段婚姻更加醇厚。

亲朋好友们常挂在嘴边的话，道出了八叔一生的不易与辉煌。当下，他们与八婶的心思一样，认为八叔这大半辈子，养鸡种果，不畏风雨，一路艰辛，最终成就了一番事业。如今家中儿孙曾孙满堂，儿辈与孙辈把生意打理得稳稳当当，正是该放下重担，享受天伦之乐，好好休养生息的时候了。可八叔的心啊，就像那嫩绿的树苗，渴望着阳光雨露，向往着不断向上生长的力量。他追求的，是那种超越年龄限制，不断挑战自我，让生命之树常青的热情与活力。在八叔看来，生活就该是一场永不停歇的旅程，充满未知与可能，而他永远是那个满怀激情，勇往直前的旅人。

某日一位老友造访，恰逢八叔一身轻便运动装，正在屋内专注地做着俯卧撑，还自数着节拍，每一个动作都标准有力，汗水沿着脸颊滑落，滴落在地板上。数到五十时，八叔才缓缓起身，迎接老友的到来，那份力量与坚韧，让人为之动容。老友惊叹之余，不禁鼓掌喝彩："真是难以置信，七十多岁还能有如此健硕的体魄，比我们这些年轻的都强！"八叔笑着抹去额头的汗珠，眼中闪烁着自信的光芒："这可是我每天的必修课，接下来还得举十分钟哑铃呢。"

八叔几十年来一直坚持每天锻炼，中青年时冬泳是必不可少的项目。平常每天两次俯卧撑、拉筋、举哑铃，习惯性深呼吸运气理通三焦，每天魔鬼式锻炼接近两小时，八叔身体健硕如年轻人。他说自己之前几十年从来未为自己去过医院，去医院都是探望住院的亲朋好友。

八叔的生活，是忙碌而充实的。除了坚持每日的锻炼，他还紧跟时代步伐，上电脑、用手机，甚至玩起了抖音，对新技术、新知识充满了好奇与渴望。在公司平台上，他审阅财务报表，运筹帷幄；在互联网的海洋里，他浏览新闻，关注社会动态，与年轻人分享生活的点滴。他的记忆力惊人，无论是种植养殖的专业术语，还是公司财务的每一组数据，甚至是二三十年前朋友的电话号码，都能信手拈来，脱口而出，让许多年轻人自愧不如。

第四章　八叔的园林梦

在八叔的世界里，总是觉得自己的身体状况和精神状态与青壮年无异。他的非凡之处，就是想做的事与年龄无关。财务自由的他，可以更随心随性做一些自己喜欢的事，甚至玩出一些异想天开的东西来。

闲暇之余，八叔的思绪飘向了远方，心中泛起了一抹淡淡的憧憬。他想着，在人生的下半场，当脚步不再如往昔那般匆忙，他希望能用自己多年累积的物质财富，去筑造一个心灵真正向往的精神家园。

第二节
园林梦从爱上盆景开始

八叔说自己晚年投巨资建园林是从喜欢上盆景开始的。

那是一个春日的清晨,阳光透过轻纱般的云层,洒下斑驳陆离的光影,为大地披上了一层温暖的金辉。朋友邀八叔踏入了一场别开生面的视觉盛宴——探访湛江市汪尚星、广西陆川县徐伟华两位盆景艺术大师精心雕琢的盆景园林秘境。

八叔带着一份神秘的喜悦步入汪尚星的盆景园,仿佛穿越了时空隧道,瞬间远离了尘世的喧嚣。近看是排列有序的盆景艺术作品,远望是一个绿意盎然的园林。盆景园展示着三角梅、罗汉松、朴树、榕树、九里香、博兰等品种的盆景。每盆都经过作者的巧妙构思和精心培育,呈现出独特的

八叔参观汪尚星的盆景园。右起依次为汪尚星(省盆景艺术大师)、欧阳祖根(省盆景艺术大师)

第四章 八叔的园林梦

形态和韵味。入门可见的一棵数米高的荔枝树也被塑造得像盆景一样,枝脉层次清晰,树干挺拔苍劲。汪尚星在盆景制作中运用了蓄枝截干等多种技法修剪造型。他注重每一个细节的处理,从树干的形态、枝托的分布到盆器的搭配,都力求达到最佳的艺术效果。

八叔的目光被眼前的一幕深深吸引,那些曾经在他记忆中村头婆娑摇曳的大榕树,此刻竟被巧妙地浓缩于一方小小的盆器之中,每一株都仿佛承载着大自然的鬼斧神工与匠人的精心雕琢。汪尚星的盆景园,宛如一处隐匿于世的美丽园林,静谧而雅致。踏入园中,曲径通幽,青石板路两旁,各式盆景错落有致地排列着,它们或高或低,或疏或密,宛如一群静默的守护者,静静地诉说着岁月的故事。阳光透过树叶的缝隙,洒下斑驳陆离的光影,给这方小小的天地增添了几分温馨与神秘。

八叔缓缓踱步,手指轻轻滑过那些盆景的枝叶,仿佛能感受到岁月在它们身上留下的痕迹,以及匠人赋予它们的神韵。八叔的眼中闪烁着惊讶与赞叹,那是一种对生命美学的深刻领悟,也是对自然与人工完美融合的无限向往。

"真是妙不可言!"八叔不禁低语,声音中满是震撼与钦佩,"这小小的盆子里,竟承托着如此奇妙的世界,每一棵树都展现出独特的姿态与意境。"朋友见状,笑着说道:"八叔,您可是种植业的行家,没想到对盆景也有如此深刻的见解。"

八叔微微一笑,眼中闪烁着新的光芒:"是啊,这盆景艺术,让我看到了农业与园林之间的桥梁。我从事种植业几十年,对植物的生长规律有较深的认识,这应该是我创作盆景的优异条件。今天才感觉到盆景原来这么美,美是可以这样被创造和传承。"那一刻,八叔的心中仿佛被点燃了一把火,那是对盆景以至园林艺术的热爱,也是对晚年生活新篇章的憧憬,园林和盆景应该成为晚年的精神家园。他开始在心中勾勒起一个宏大的蓝图,一个将他对农业的理解与园林美学相结合的梦想之地。

"我想,或许我可以尝试建一座园林。"八叔的话语中带着几分坚定与期待,"用我毕生的积累,去创造一片属于我自己的绿色天地,让更多人感受到园林和盆景这份来自大自然的宁静与美好。"汪尚星闻言,眼中满是鼓励与支持:"八叔,您一定能做到!您的热情与执着,定能让您心中的这片园林成为世间独一无二的风景。"

夕阳西下,三人并肩走出盆景园林,背影在落日余晖中拉长,留下的是对未来的无限憧憬与希望。八叔的心中,那颗关于园林的梦想种子,已经悄然生根发芽,准备在岁月的滋养下,绽放出最耀眼的光彩。

八叔的性格里,总藏着一股说干就干的魄力。一旦心中有了念想,便如春日里破土而出的嫩芽,势不可挡。这不,刚从盆景园林归来的他,一口气挑选了十几棵形态各异的盆景树桩,有苍劲挺拔的松,有坚韧不拔的柏,还有那香气袭人的九里香与古韵悠长的罗汉松,每一株都是精心挑选的盆景桩材,等待着八叔的匠心独运。

经过几个月的观赏和练习,八叔已较熟练掌握了树木盆景桩材的"打坯"技术。在之后那些日日夜夜,八叔沉浸在了他的"盆景世界"里。他先是细心地清理每一株树桩的根系,仿佛在与它们进行一场无声的对话,理解它们的生长轨迹,随后他拿起剪刀,如同一位雕塑家对待自己的作品,每一剪都力求精准而富有情感,剪去了多余的枝干，却保留了树桩最原始、最动人的姿态。再小心翼翼地将其植入精心挑选的盆器中，土壤与根系的每一次接触，都像是自然与人工的和谐共舞。

八叔的手艺，不仅仅局限于盆景的打理。自幼便谙熟泥水木工的他，此刻更是如鱼得水。他决定将这份手艺融入到自己的园林梦想中。于是，他开始在自家花园的一隅，亲自动手垒石造起水旱盆景。一块块形状各异的英德石，在他的手中仿佛被赋予了生命，它们或立或卧，错落有致，与那些精心修剪的盆景相互映衬，构成了一幅幅生动的山水画卷。

兴致正浓时，八叔的"野心"也随之膨胀。他不再满足于小小的盆景与附石景，而是决定在自家别墅的花园中砌起几座假山。这可不是一件轻松的事，但八叔却乐此不疲。他亲自设计、选材、施工，每一块石头的摆放，每一条流水的走向，都凝聚了他的心血与智慧。经过几个星期的努力，几座近十米宽的假山赫然耸立。这座假山，经过八叔的匠心独运，堆叠得错落有致，既显露出山石的嶙峋与险峻，又不失整体的和谐与平衡。假山上，还巧妙地点缀着经过精心修剪的灵动小巧的松柏和杂树等，它们依附在石缝间，为这座假山增添了几分生机与绿意。山石嶙峋，流水潺潺，与周围的盆景相得益彰，仿佛让人置身于一幅活生生的江南园林画卷之一隅。

亲朋好友闻讯而来，无不被眼前的景象所震撼。他们赞叹于八叔的手艺，更赞叹于他那份对园林艺术的热爱与执着。亲朋好友无不惊呼八叔第一次砌假山，就有几分江南园林里那种假山的样子。八叔的才华与努力让所有人都为之折服。而他，只是淡淡一笑。他知道，这只是他园林梦想的开始，未来的路还很长，但他已经准备好，用双手去创造更多属于自己的园林世界和绿色天地。

八叔的假山花园，承载着他对园林的兴致和耐心。就像他的事业一样，每一景都是精心策划和努力的结果。他的生活似乎已经达到了一种完美的平衡——创业的成功，生活的宁静，以及家庭的和谐。但是，内心深处的那股冲动，让他意识到他仍渴望着些许波澜。

他的思绪被一阵微风打断，风中带来了远处孩子们的欢闹声。他想到了自己的曾孙，这些个充满好奇和活力的小宝贝们。曾孙浩宁"公祖公祖"亲切的呼唤，使他开始思考这次投资不仅仅关乎他个人的满足，更是一份对未来的愿景，一种给下一代留下更多可能性的方式。

于是，八叔开始物色他的园址——他园林梦的舒展之所。他的身影穿梭于高州城各个角落，终于在城郊宝光街茶亭木垌村的青山绿水间，选定了一片被自然恩泽的宝地——那里虽然树木、竹子、野草杂乱丛生，但山峦起伏，水塘荡漾，仿佛是大自然特意预留的一片净土，等待着有缘人的雕琢。常见的园林选址在开阔的平地。八叔的理念是依山傍水，利用这样的地势，营造立体的园林景观，又不破坏其原有的生态环境，浑然天成是八叔心目中园林的境界。

在当地政府、农垦部门与当地村民的鼎力支持下，八叔顺利获得了这片380多亩土地的使用权，这是他梦想启航的港湾。他渴望在这片依山傍水的土地上，创造出一种与自然和谐共生的立体园林景观，让每一砖一瓦、一树一石都透露出浑然天成的韵味。

用地手续完善时，八叔迫不及待地动工了。他亲自设计，在山

第四章　八叔的园林梦

谷的怀抱中，他巧妙地运用太湖石，堆砌起几组气势磅礴的假山，它们宽达80多米，开阔舒缓，高直逼30米，巍峨耸立，彼此间以精致的拱桥相连，宛如一条条巨龙蜿蜒盘旋，又似仙山琼阁，引人遐想。

假山下，一片由太湖石精心围砌的岸线不大规则的池面逐层铺展，水面蜿蜒，晃动着倒映出蓝天白云与假山的雄姿。八叔巧妙地引入了循环流水系统，使得水流从假山顶端奔腾而下，化作群瀑飞泻，声如雷鸣，气势恢宏。阳光照耀下，水珠四溅，幻变为点点金光，与池面上波光粼粼的景象交相辉映，美不胜收。

这一景点，八叔命名为"狮子瀑"与"凤凰池"，寓意着吉祥与和谐，也寄托了他对这片园林的美好愿景。每当微风拂过，水

有待开发建设的凤凰园园址俯瞰图

- 115 -

声、风声、鸟鸣声交织在一起，仿佛是大自然最动听的乐章，让人心旷神怡，忘却尘嚣。站在这片即将焕发生机的土地上，八叔的眼中闪烁着激动与期待的光芒。他仿佛已经看到了未来，那个集自然之美、人文之韵于一体的园林旅游景点，正缓缓揭开它神秘的面纱，向世人展示着它的独特魅力。而他，正是那个用智慧与汗水，锻造这妙不可言的园林景观的匠人。

看着这些似模似样的假山、水榭、岸线，一幅崭新的园林宏图仿佛在八叔的脑海里浮现……

第三节
苹果树引出高人曾凡光

一次偶然的机会,八叔应高州市旅游局领导与好友梁新生的热情邀请,踏上了一场探寻自然奇观的旅程——前往高州市深镇镇的仙人洞风景区。

仙人洞风景区地处高州市深镇镇云开山脉腹地,最高处海拔1380米,自然生态保护良好,负离子含量极高,是一个天然的大氧吧。冬暖夏凉,是避暑胜地。溪流穿过连绵不断的巨石,时而飞湍而下,时而平缓流淌。大片杜鹃林、千亩竹林绿海、天然瀑布群,还有珍稀植物禾雀花,闻名遐迩。这片隐匿于云开山脉腹地的秘境,以其巍峨的山峦、清新的空气和丰富的生态资源,被誉为自然界的瑰宝与避暑的天堂。

仙人洞之行,对八叔而言,不仅是视觉与心灵的洗礼,更是一次命运的邂逅。在这片神奇的土地上,他偶遇了旅游界的泰斗——曾凡光先生。

曾凡光,1987年中山大学哲学系毕业,先后在政府、银行从事领导和管理工作。后下海从事房地产和旅游项目开发,先后开发过两个百亿级大项目，后来从事旅游行业，成功地提升高州仙人洞的景区再造和经营管理模式，是茂名市旅游局及多个景区的旅游顾问。这是一位拥有深厚哲学底蕴与丰富实战经验的智者，他的身影穿梭于政界、商界与旅游界之间，以独到的眼光和非凡的魄力，重塑了一个又一个旅游项目的辉煌。

曾凡光应邀掌门仙人洞景区后，他以其深厚的专业素养和敏锐的市场洞察力，为仙人洞景区量身谋划了三大策略，让这片自然瑰宝焕发出前所未有的光彩。

第一策，名曰"瀑布现身"。曾凡光巧妙地设计了一条蜿蜒曲折的观光栈道，它如一条轻盈的绸带，穿梭于密林与巨石之间，引领着游客一步步接近那隐匿于深闺的逾千米的高山瀑布群。从此，改变了以前"只闻水响不见飞瀑"的局限，游客们不再只是远远地聆听水声，而是能够亲临其境，直面飞流直下的瀑布，感受大自然最为震撼与纯粹的力量。

第二策，则是"禾雀花盛宴"。在曾凡光的精心策划下，仙人洞的禾雀花不再只是单一本地品种的孤独绽放，而是化身为一场绚烂多彩的花海盛宴。他广开渠道，从国内外引进了各式各样的禾雀花品种，将它们集束式分布，使得整个景区仿佛成为一个禾雀花的海洋。每当花开时节，各种禾雀花竞相绽放，争奇斗艳，将这片山地装扮得分外妖娆。

第三策，更是别出心裁——"淡季不淡"。曾凡光深知旅游行业的季节性困境，于是大胆创新，将秋冬季节这一传统意义上的旅游淡季，转变为推销当地物产的"旅游丰收节"。通过举办各类丰富多彩的活动与节庆项目，吸引游客前来体验当地的风土人情与特色美食，选购山乡的土特产，从而实现了淡季旅游市场的逆势上扬，也为乡村振兴贡献一份市场价值。

在曾凡光的智慧与努力下，仙人洞景区实现了华丽的蜕变，游客每年入园数量更是呈井喷式增长，由原先的寥寥数万人猛增至数十万之众。这一切的成就，不仅让八叔深感震撼与佩服，更让他对自己的园林梦有了更为清晰与坚定的认识。他当时朴素地认为，旅游的本质，就是"让人们看到之前看不到的东西"。他深知，唯有不断追求创新、勇于探索未知、敢于挑战自我极限的人，方能在这片充满机遇与挑战的土地上书写属于自己的传奇篇章。

仙人洞离高州城就几十公里，八叔惊叹不远之处居然有这"仙景"般的去处，更加令八叔相见恨晚的是，仙人洞的总经理曾凡光。

曾凡光，虽然个头并不高大，但散发出一股难以言喻的威严与魅力。他的穿着得体而精致，面容平和而睿智，一双明亮的眼睛闪烁着智慧的光芒，他的言谈举止中透露着优雅与从容。他的嘴角常挂着淡淡的微笑，那是一种充满亲和力和包容力的微笑，让人不由自主地想要靠近他，聆听他的故事和见解。

只听曾凡光向游客解说着仙人洞的参观门道和旅游理念："做旅游产品一定要注重差异化，打造独特的卖点，例如北方人看到苹果树会熟视无睹，但在南方能够把苹果树种成开花结果，那么就是非常有特色和吸引力的，这就是'稀缺'和'差异化'的概念。"当时八叔就觉得这句话讲得很精辟。八叔听着听着，认定曾凡光这个人"骨子里就是做旅游的那种人"。

但是，曾凡光那次没有留意到八叔，除了寒暄没谈上几句话。

这边八叔一心想着如何请到曾凡光到自己的有待全面开发的园址来一趟。突然八叔想到曾凡光在仙人洞谈到苹果树的旅游"差异化"理念。于是，八叔特意网购了一批苹果树苗，然后给曾凡光打电话，说自己有一批苹果树苗，怕种在自己花园气候不适，赠送给仙人洞种植，环境气候正合适呢。这份巧妙而略带狡黠的心思，恰似"抛砖引玉"，不仅是对曾凡光智慧与眼光的认可，更是对未来合作的殷切期许。

当曾凡光终于踏上这片于八叔而言满是期待的土地时，八叔的内心涌起了澎湃的激动与喜悦之情。而曾凡光呢，对于八叔的这份真挚情意也报以深深的感激和由衷的赞许。他在八叔的微信备注是"苹果树·杨幸注"，这不仅铭刻着这段奇妙缘分，更体现出对八叔那机灵劲儿、执着精神与满腔热情的认可。

曾凡光初次看到八叔在园中一隅亲手打造的假山和瀑布，他内心满是惊叹。眼前这假山涧清泉潺潺流淌的美景，宛如大自然与能工巧匠心灵契合的完美杰作，让他不禁为八叔那鲜为人知的园林天赋喝彩。随后他深入视察园址，只见三山环绕，恰似翠色屏风徐徐展开，守护着一方幽静山谷；山下池塘彼此相连，碧波轻轻荡漾，倒映着周围的青山，构成了一幅扣人心弦的山水画卷。曾凡光环顾此景，眼中闪烁着对未来的憧憬，园林的初步模样，已在他心中形成轮廓。

曾凡光兴奋地用力击掌，激情澎湃地对八叔说道："您对美的执着追求和这份天赋，再加上这得天独厚的地理条件，绝对可以打造出一处园林胜境，成为吸引游人如织的旅游胜地啊！"面对这位年近古稀、学历不高却悟性非凡、心怀远大抱负的老人，曾凡光心

第四章 八叔的园林梦

底油然而生一种难以言表的敬佩。八叔在本应尽享天伦之乐的年纪,依然怀揣梦想,立志要在这片土地上留下属于自己的独特印记,这种精神,实在是弥足珍贵。

随后,八叔引领曾凡光步入绿杨蛋鸡场,那鸡蛋如溪流般流淌的自动化生产线,日产量惊人,震撼了曾凡光的心。他暗自思量,这位看似平凡的老人,实则蕴藏着不凡的智慧与力量。两人从此结缘,志同道合,相谈甚欢,仿佛共同推开了一扇通往未来世界的神秘大门。

八叔的心中,满载着对园林旅游景区的无限憧憬,他向曾凡光娓娓道来,描述着自己的园林梦。曾凡光暗暗思忖:八叔,一个看似平凡的农民,通过养蛋鸡和种水果的辛勤耕耘,不仅实现了个人经济的独立与富足,更在行业内取得了显著的成功。然而,在晚年之际,他却做出了这样令人意外的决定——将多年创业积累的财富跨界投入到自己并不熟悉的园林旅游景点的建设中。对这一创业大转折背后,曾凡光心中不禁产生了莫名的好奇和疑问。八叔凝视着曾凡光,仿佛看透了曾凡光此刻的疑惑,便向曾凡光坦陈自己的心迹。

八叔说："如果为了物质生活，我大可不必劳心费神了。您知道，园林建设不仅是一门生意，更是一种精神生活。通过打造园林旅游景点，我能获得精神上的享受，而且能够将这种美的感受传递给更多的人。现在政府正在推动乡村振兴发展，我作为一位从乡村走出来的创业者，深知乡村振兴的不易，能够通过旅游业带旺人气，为乡村振兴做点实事，为乡村经济出点力，何乐不为？"八叔眺望远方，仿佛在喃喃自语："我长期生活在农村，对自然美景和田园风光有着很深的感情，渴望在晚年能够拥有一个属于自己的精神家园！我虽然学历不高，但崇尚传统文化。园林艺术一直是传统文化的重要形式。我在创业过程中经历了许多艰辛和挫折，但始终保持着乐观向上的心态，孕育了对美好精神生活的向往。通过亲手打造园林旅游景点，能够将自己的愿景融入其中……"

此刻，八叔与曾凡光的视线交集，曾凡光正在聆听中频频点头。八叔最终吐出了自己的肺腑之言："园林、盆景，这种精神上的东西，更是我的挚爱！这比什么美味佳肴、财富数字、荣誉勋章更让我愉悦，更令我向往，也更让我宁静！这正是我晚年终极的追求！"

听到八叔坦开胸襟的一番话，曾凡光眼中，八叔的样子仿佛高大了起来，心中充满对八叔的景仰："简朴生活，豪华人生"八个字是曾凡光此时对八叔人生的定义。于是，曾凡光同样敞开心扉，以专业的视角审视八叔的计划，眼中满是对这份梦想的认可与期待。他的话语中透露出真知灼见，为八叔的梦想添墨增彩，共同绘制出一幅壮丽的蓝图。

经过一番深入交流，两人心意相通，如同站在了同一个"同心

第四章　八叔的园林梦

圆"上。他们一致认为，做旅游需发挥自身优势，凸显差异化，打造独一无二的品牌。在产品定位上，他们达成了高度共识：以打造成广东第五大园林为标杆，巧妙结合地形，构建立体景观的典范；精选太湖石作为景区的点睛之笔，汇聚全省乃至全国的奇石精华，打造壮观的立体瀑布群；同时，将新时代的元素融入传统园林文化之中，创造出既有古典韵味又不失现代气息的独特景观。

曾凡光更添一笔，强调这独特的产品定位和卖点，"八叔的故事"——将是八叔园林脱颖而出的关键所在。他深情地说："这园林之美，不仅在于瞬间的视觉震撼，更在于八叔那感人至深的故事与精神。我们要通过这扇景区之窗，将八叔这位农民创业者的动人故事、乡村振兴的时代强音，传遍四方。让游人在享受有形的审美愉悦之余，更能感受到那份无形的人文启迪与力量。"

至于园林的命名，曾凡光与八叔经过一番磋商，最终决定以"凤凰园"命名。此名基于八叔养鸡的辉煌业绩，既寓意着"雏鸡"至"凤凰"的华丽蜕变，象征着八叔在创业道路上的不懈追求与最终成功；又寄托了对园林未来如凤凰般展翅高飞、繁荣昌盛的美好愿景。

思想碰撞，立意已明，共识既定！一直以来八叔嘴上说的是"私家花园"，但满脑子都是做开放式旅游景区的念头，与曾凡光的一番谋划，更坚定了八叔的想法。

八叔说，能做一个公众观光旅游的园林，回报社会，也是遂了自己的夙愿。八叔知道，这不是一个简单的决定。这是一个休闲的晚年还是一个奋斗的晚年，一个清淡素雅的晚年还是一个绚丽多姿的晚年的决然选择。

第四节
一千八百个日与夜

凤凰园动工,始于二〇一七年三月的第一声春雷,历经寒暑更迭,跨越一千八百个星辰与晨曦,终在二〇二二年元月二十二日,以惊世之姿绽放于世。这是一场历时五载的匠心独运,是园主八叔与其团队并肩作战,以汗水与智慧交织的辉煌篇章。

建园之初,八叔伫立于那片即将脱胎换骨的荒岭之上,心中仿佛已绘就了一幅绚烂的愿景。岁月悠悠,从养鸡场的辛勤耕耘到果园的繁茂葱郁,他不仅铸就了财富的基石,更在心灵深处镌刻了对土地、对园林无尽的敬畏与深情。如今,面对即将斥资上亿元打造的大型园林旅游项目,他渴望超越!梦想中的园林,是独一无二的艺术品,每一砖一瓦、一树一石、一草一木、一山一水,皆是他心灵深处对自然深刻理解与独特情感的细腻表达。

八叔渴望在人生的下半场,以园林为笔,以自然为墨,亲手绘制一幅超越世俗、触动心灵的绝美画卷。誓要在晚年之际,为自己的奋斗史再来一个拐点,再创一次辉煌!

二〇一七年惊蛰时节,伴随着新年的第一声春雷,凤凰园的建造全面铺开。八叔认为,万事开头最重要,正所谓"预则立,不

第四章 八叔的园林梦

预则废"。他力排众议,秉持着"顺应自然,道法天成"的朴素理念,精心谋划,确立了先内后外、由简入繁的建园次序。有人请教其中奥妙,八叔说:"试想,若先筑外围,则内部施工之材料运输,必成难题,自我设限,非智者所为。比如凤凰楼与溶洞之构筑,则置于后期,因其紧邻入口,待内部景致初成,再添此二景,施工也便捷了。"

放置太湖石是园林建造的最大工程和最大难点,涉及力学、机械,更关乎艺术和审美。装吊安放太湖石的任务如同巨石压心,考验着凤凰园工程的每一位参与者,尤其是园主八叔。太湖石,这些自然雕琢的艺术品,它们需根据园林的总体规划,被精心安置于园中合适的地方。很多都重达几十乃至上百吨,既要稳固如山,又要调整好角度,凸显其最佳观赏面。而且要保护性安装,绝对不能破损石体表面那嶙峋起伏、跌宕多姿的优美外形,因而要确保一次性准确到位,绝不能再次吊起重置,这就需要很强的起重功力和审美能力,技术上还要有举重若轻的掌控技巧。

开始吊装的是命名为"一帆风顺"的太湖石。它们体重一百多吨,十多米高。它的天然艺术价值更是全园太湖石的佼佼者,是镇园之宝。工人们一见这庞然大物,心里就咕嘟起来:很难想象有什么洪荒之力把这庞然大物矗立在预定的位置上。的确是这样,这场不可思议的吊装,一开始就给了八叔他们一个下马威!

八叔亲自根据石头底部的形状,指挥预制好与巨石吻合的底座,设计成一艘船台的模样,吻合度是吊装成功的前提。一开始动用了200吨起重能力的吊机,大石缓缓直立吊起,但初次尝试便因吊机承载力不足,其中一段钢绳在巨大的拉力下轰然断裂,现场顿时险象环生，空气仿佛凝固。

　　七十多岁的八叔，这位饱经风霜的老将，没有丝毫惊慌。马上决定暂停起吊，示意把巨石轻轻放下立稳。他当机立断，迅速从广西远调300吨起重能力的吊机增援。前来增援的技术人员看到使用的竟是直径仅有7厘米的海缆钢丝绳，不觉大吃一惊！又庆幸八叔暂停起吊的决定，否则绳断石损，甚至发生伤人事故。然而，新的挑战接踵而至，由于场地的局限，串机与安放点之间的距离一时成了难以逾越的鸿沟，起吊机的位置受限，重心难以控制，经历反复调整，每一次尝试都如同在刀尖上跳舞，一块石的安装竟整整耗费了三日三夜。

　　在这漫长的三天三夜里，七十多岁的八叔60多个小时片刻未眠，与团队并肩作战，始终处于充满兴奋的状态，忘记了极度的疲劳。汗水一次次浸湿了衣襟，但他们的眼神中却闪烁着坚定的光芒。他们不断调整方案，平整作业场地，优化吊机的位置和角度，特别是在动用两台吊机时，它们之间操作的协调，全靠八叔的精准指挥和与驾驶员之间的默契，每一次微调都牵动着大伙的目光。终于，在第三天凌晨时分，"一帆风顺"稳稳地落在了"船台"之上，所有的努力与坚持顿时化为了众人的欢呼。从有惊无险到"一帆风顺"，这时，八叔也兴奋得像个小孩一样，手舞足蹈地欢笑起来。

　　然而，冷静下来的八叔眉头却紧皱起来，这样串装不仅耗时，而且一块石头租用吊机的成本就好几万元。于是，他开始深入剖析第一次吊装失败的原因，与团队共同总结经验教训。在他的带领下，团队不仅优化了吊装技术，还创新出了一套更加高效、安全的操作流程，确保每一次吊装都能一次性准确到位。他们精准计算起吊机起重的匹配能力，优选了吊装工具；精细地选好着力点，套准绳位。事先与吊机操作驾驶员充分沟通，提高了起吊运作的准确性、稳定性和安全性；他们还制定了详尽的应急预案，以应对可能出现的各种突发情况。在接下来的日子里，每吊装一块太湖石，八叔都现场指挥，亲自监督着每一块太湖石的安装。

小型的太湖石，则用人工装砌。在用太湖石砌瀑布、筑溶洞这样的重活中，八叔从不落下。在施工中，他像年轻人一样干重活，百斤重的石头他只身抱起，常见的是他和年轻员工合力抬起数百斤的太湖石。他的动作熟练而有力，每一块奇石的放置都准确无误。

随着技术的不断成熟和经验的积累，凤凰园的装吊工程逐渐步入正轨。一块块太湖石在八叔和团队的精心操作下，如同被赋予了灵性般，优雅地落位于园中各处，它们或屹立山丘，或静卧水畔，每一块都成为园中不可或缺的风景线。

当最后一块太湖石被成功安装时，八叔眺望着这片日夜奋战的工地，想着由自己亲手设计和指挥吊装的太湖石将成为园林的最吸人眼球的亮点，他的心中充满了自豪和满足。

八叔传奇

在那漫长而充满挑战的一千八百多个日夜里,八叔,这位园林工地上的灵魂人物,不仅是设计者、组织者,还亲身参加施工。他以一身标志性的灰色长袖半开胸T恤和草帽为伴,脚踏一双原色为黑、却被泥巴沾成灰色的运动鞋,日复一日地忙碌于工地之间,他的脚步成为这片土地上最坚实的烙印。他的双手不仅承载着石头的重量,更承载着他对园林的深情和责任。他的声音虽然因劳累而显得有些沙哑,但在工地上却响亮而充满力量。他的存在激励着每一个工人,他的精神感染着每一个参与者。他们看着这位七十多岁的老人,不论风吹日晒雨淋,始终坚守在工地上,心中不由得生出敬意。

每天凌晨五时许,大家还沉睡在梦乡的时刻,八叔已站在了新一天的起点,他每天都提前到工地巡查,回看昨日工作的点点滴滴,具体谋划着当天的工作部署。

新的一天工作开始了,他还重操旧业当起了泥水工。抹灰板,在他手中是那样的乖巧,随着他手腕的轻转,一抹抹橙红色长方形的泥火砖仿佛被赋予了灵性,在空中划出一道道优美的弧线,精准无误地飘落在预定的位置上。那砖块堆砌的速度之快,码放之整齐,令人叹为观止,即便是年轻的泥水工人也自愧弗如。空气中弥漫着泥土和水泥的混合气味,阳光透过稀疏的云

八叔亲手砌墙抹灰

层,洒在龟裂的土地上,泛起灰蒙的光泽,年轻的工人们虽然手忙脚乱,但他们逐渐跟上了八叔的节奏。

随着太阳逐渐升高,阳光变得愈发炙热,大地被烤得滚烫。在大家感到酷热难耐时,突然传来嘹亮的歌声:"咱们工人有力量……"原来是八叔在引吭高歌,八叔平常就喜欢放歌,说这也是很好的锻炼方式,自娱自乐健康常在。

歌声把团队的热情瞬间点燃,有人还附着八叔的调门和节奏高唱起来,他们就这样忘记了酷暑,用乐观主义和创造的满足抵御着高温的侵袭。汗水浸湿了衣衫,却浇不灭他们心中的火焰;疲惫写满了脸庞,却动摇不了他们建园的决心。

在这漫长的建设过程中,八叔和他的团队遭遇了无数的困难和挑战,但正是这些曲折与磨难,铸就了他们坚韧不拔的品格和追求卓越的精神。

凤凰园的亭台楼阁等建筑是一项很专业的工程。八叔后来说,凤凰园的建设,不能忘记"两个老头"。除了旅游项目的行家里手曾凡光以外,还有年逾七十的建筑专家梁新生。八叔诙谐地自我调侃说,加上自己是"三个老头",聊发少年狂,同唱一台戏,共筑园林梦。

梁新生,人称"B叔",一个土生土长的高州人,自幼便与建筑结下了不解之缘。他跟随养父穿梭于各项建筑之间,学会了基础的建筑技艺,更在心中种下了对建筑的无限热爱。而后,他有幸拜入华南理工大学建筑系凌崇光教授门下,深研建筑之道,不仅在技术上精益求精,更在文学与艺术上找到了与建筑的共鸣。多年的历练,让他在建筑领域达到了较高的造诣,参与过高州宝光塔、高州洗太庙等重要古建筑工程的修复，是园林建筑的行家里手。八叔就把凤凰园的建筑和文化项目交由B叔负责实施。

凤凰园设置了十亭（金蟾亭、茶亭、观日亭、观月亭、步月亭、得月亭、迎凤亭、凤凰亭、观瀑亭）一台（鸳鸯台）一楼（凤凰楼）一阁（龙凤阁）二廊（追风廊、望月廊）二榭（醉月榭、双龙榭）。这些亭台楼阁大多根据地形地势而设定。

亭台楼阁等建筑的设计和建设，并非一蹴而就。十亭一台一楼一阁二廊二榭的布局，看似简单，实则非常讲究。每一个亭台楼阁的选址、设计、施工，都需经过无数次的推敲与调整。八叔凭借其敏锐的洞察力和想象力，化繁就简，恰到好处地敲定了各个建筑的位置，定下了整体的构思框架；而B叔则在此基础上，运用其深厚的建筑学识与文化修养，将每一个细节都雕琢得尽善尽美。

金蟾亭的灵动、茶亭的雅致、观日亭的壮阔、观月亭的清幽……每一个亭台楼阁都仿佛被赋予了生命，它们或依山傍水，或独立成景，与周围的环境和谐共生，构成了一幅幅动人的画卷。而八叔和B叔，正是这一幅幅画卷背后的那位神笔马良，他们用自己的智慧与汗水，为凤凰园增添了一抹又一抹亮丽的色彩。

这段凤凰园的建设历程，不仅是一段关于建筑的故事，更是一部关于梦想、坚持与友情的传奇。它让我们看到了"三个老头"的非凡智慧与卓越才能，更让我们感受到了那份对美好事物的追求与向往。

在那悠长的一千八百多个日夜里，七旬有余的八叔，仿佛是与时间赛跑的老者，将满腔热血与智慧倾注于凤凰园的每一寸土地。他的身影穿梭在园区的每一个角落，在骄阳似火的中午大家劝八叔回去休息一下。八叔反而让大家休息一会，喝点凉茶，说自己要谋划下一步的安排，免得有差错，又要推倒重来。他不放过任何细节，无论是石头的摆放，还是植物的栽种，都要求尽善尽美。

在他的眼中，凤凰园的每一个细节都至关重要。路边的排水沟是否畅通无阻，关系到雨季的游客安全；拐弯处的路标是否清晰明了，影响着游客的游览体验；台阶的高度是否适中，关乎着老人与孩子的行走安全；休息长椅的配置是否合理，则考验着园区的人性化设计。对于这些问题，八叔总是亲力亲为，逐一记在心里，并立即着手解决。他常说："我们不仅要建好凤凰园，更要让它成为经得起时间考验的经典之作。"

一千八百天如一日，夙兴夜寐，极尽心血和汗水，锻造凤凰传奇。这就是一位七十多岁老人的情怀和壮举。八叔的司机小钟说："建园的一千八百天里，我目睹了八叔每天凌晨四点多就动身前往工地，细心打量施工情况和工程进度，盘算构思一天的施工安排，亲自指挥施工，而且还动手操作，像砌太湖石这样的重活，设置盆景花卉树木的繁忙工作，八叔一样也没有落下。"

当地政府把凤凰园作为民间资本投资的重点文旅项目，在规划、用地、道路、水电配套等方面给予切实支持。茂名市、高州市党政领导亲临现场，勉励要把凤凰园建成高州文旅的一个重要窗口。国土、文旅、当地街道办事处等部门经常关注凤凰园建造的进度，及时解决相关问题。

八叔和他的团队经过一千八百多天的坚持和努力，最终将凤凰园打造成了一个美丽的梦想之地。八叔用自己的汗水和心血，将这片土地变成了一片绿色的园林瑰宝。凤凰园不仅是他的作品，更是他对生命和美的嘹亮赞歌。

第五节 特别的园林施工队

在凤凰园的建设中,八叔的用工之道超越常规。他没有选择专业的园林工程队,为了增加当地农民的收入,也为今后能帮公司培养一批当地土生土长的能工巧匠,转而招募了附近村庄和农场中那些有一定泥水工、木工技术基础的农民工组成施工队,在几位园林建筑施工专业人士的带领下,完成整个园林建设工程。这不仅仅是对传统施工模式的挑战,更是对人性与人的潜力的深刻洞察。

让农民工参与园林的施工,这在外界看来或许有些唐突,但八叔这一决定,是对于传统套路的改变,是对人内在潜力的期许,更是一种富于社会责任担当的大格局和深沉的人文关怀。

八叔认为,实践出真知,外行至专业,是可以转化的。八叔素来不盲目迷信所谓的权威,从长期从事种植、养殖转到园林的设计,这首先就是一次自我解放。同样,八叔坚信,有一定技术基础、勤奋努力的农民工值得寄予厚望,而且这份信任会使农民工更加自觉珍惜机会,专业上可塑性强,完全可以锤炼成适用的施工队。

八叔还有更深一层的考虑,这片土地与这里的人民紧密相连,每一寸土地都承载着村民们的希望与梦想。八叔希望通过这种方式，为当地村民创造工作机会，掌握更多方面的技能，为乡村振兴培养更多的有专业知识的人才。同时维护良好的村企关系，促进相互关系的和谐稳定。在八叔看来，企业的发展不应无视百姓的利益，而应与乡村振兴共生共荣。

还有就是从经济的角度考虑，聘请当地农民工相较于专业施工队而言，无疑是最佳性价比之选，可为凤凰园项目节省一定的用工成本，使每一分钱都花在刀刃上，有利于确保项目的顺利进行。

于是，八叔先行举办培训，亲自上课，手把手地培训他们施工要领和技巧，耐心解答他们的疑惑，鼓励他们不断尝试与创新。民工们自觉利用业余时间刻苦练习，相互切磋技艺，不断总结经验教训，努力提升自己的施工水平。随着时间的推移，民工们的技艺日益精湛，他们不仅能够完成一些基础性的施工任务，还能够胜任一些精雕细琢的技术活。他们的进步与成长，让八叔倍感欣慰与自豪。

起初，民工们对于这突如其来的信任与挑战感到既兴奋又紧张。他们中的许多人从未接触过如此复杂的工程项目，对于能否胜任这项工作充满了疑虑。特别是亭台顶部的雕花装饰，需要极高的手工技艺。一位农民工老李师傅，虽然有着多年的泥水工和木工经验，但面对这样的精细活还是感到难以把握，担心有负八叔的期望，几次想要放弃。然而，八叔从老李师傅的顾虑中看到他的认真负责的态度，反而给予他更多的关注和信任。他亲自与老李师傅一起讨论每一个细节的处理方法，耐心讲解每一个工艺步骤的要领，甚至亲手示范如何雕刻出细腻的纹理。在八叔的悉心指导下，老李逐渐找到了感觉，他的技艺也在一次次的实践中得到了飞速的提升，成为筑园的业务骨干。

最令人瞩目的是农民工小张，一个来自邻近村庄的年轻小伙子。初到凤凰园建设工地时，他满脸青涩，对复杂的园林施工充满了好奇与忐忑，小张虽然有着一定的泥水工基础，但对于园林艺术中的精雕细琢却知之甚少，常常感到力不从心。

然而，八叔并没有放弃他，反而从小张对学艺的渴望中看到了他身上的潜力。他特意安排小张加入了一个由经验丰富的老师傅带领的小组，专门负责园林中的精细雕刻工作，每天八叔都会亲自到工地巡查，特别关注小张的工作和学艺情况，引导小张参看有关园林建筑雕花的专业图书，上网浏览相关资料，还手把手地教他如何运用工具，如何把握雕刻的力度与角度，以及如何在石材上展现出细腻的花纹与图案。

在八叔的悉心指导下，小张的技术日见长进。他开始尝试独立完成一些简单的雕刻任务，虽然起初的作品略显生涩，但在不断地实践与修正中，他的技艺逐渐变得纯熟起来。小张对园林艺术的热爱和灵感也被彻底激发出来，他开始利用业余时间研究各种雕刻技法，甚至自己设计图案，力求在每一块石材上都留下自己的独特印记。

有一次，凤凰园需要打造一座具有地方特色的景观桥，桥身两侧需要雕刻上精美的图案以彰显其文化底蕴。这项任务对于整个施工团队来说都是一个巨大的挑战，但小张却主动请缨，希望能够承担这一重任。

在八叔的鼓励和支持下，小张与团队工友们夜以继日地工作，经过无数次的尝试与修改，终于完成了这座令人叹为观止的景观桥，桥身上的浮雕栩栩如生，每一刀每一刻都凝聚着小张的心血与汗水，也见证了他从一名普通农民工成长为能工巧匠的蜕变过程。

小张的故事在凤凰园建设工地迅速传开，成为激励其他农民工不断进取的典范，他用自己的实际行动证明了八叔的用工之道是正确的，只要给予足够的信任与指导，每一个平凡的劳动者都能成为创造奇迹的能工巧匠。而凤凰园的景观也因为有了这些勤劳智慧、勇于挑战的农民工们的加入，变得更加生动美丽，更具社会价值。大家认为，当前乡村振兴，关键在于人，提高农民的知识和专业技能。八叔的用工模式不仅仅是一个园林项目的成功典范，更是人性光辉与社会责任完美融合的生动写照。

附近村委会和农场的干部们对于八叔的这一做法给予了高度评价。他们认为，凤凰园的建设不仅为当地农民和职工增加了收入，更为美丽乡村建设树立了典范。旅游项目的引入，不仅聚集了当地的人气,活跃了农村经济,激发了村民们对于美好生活的向往与追求,更为深远的意义在于,凤凰园的建设过程中孕育了一批又一批的技术人才,为当地的长远发展注入了强劲动力,也为当前推进的"百县千镇万村高质量发展"工程,实现当地乡村振兴打下了更好的基础。

这些昔日的农民工,如今有些已成长为技艺高超的工匠,他们的身影在凤凰园及其他场所的每一个角落熠熠生辉,共同书写着一段关于梦想、奋斗与成长的传奇故事。八叔的用工之道,不仅成就了一个园林的辉煌,更照亮了无数人心中的希望之光。

第六节 八叔的花艺匠心

园林的基本硬件构造后,八叔并没有松一口气,继续着力打造绿色的环境。他认为,一个成熟的园林,绿是其基本色,花卉则是不可或缺的装点。

凤凰园逐渐变成了一个花卉的海洋。八叔,凤凰的园主,又是设计师、工程组织者、施工操作者,还是花卉盆景的名匠!

八叔当初站在园区工地之中,脑海中却已勾勒出繁花似锦的未来。他深知,在这片南方四季如春的土地上,人们对一般的花卉屡见不鲜,往往会视而不见,要打造出一个吸人眼球的花卉园林,绝非易事!于是,一场关于绿色的攻坚战悄然拉开序幕。

为了挑选出最适合凤凰园的花卉品种,八叔走访多地,从温暖的南国到遥远的北疆,从网络到专著,每一种花,都需经过他严格的审视——不仅考量其品种的奇特,外在的艳丽与芬芳,更深入研究其生长习性、对环境的适应性以及对整个生态系统的角色定位。

八叔遭遇过无数次失败,那些看似完美的品种如金边瑞香、月季花、杜鹃花、蝴蝶兰、君子兰、丽格海棠,在培育过程中却展现出意想不到的脆弱;他也曾为某些稀有花卉的难以驯服而夜不

第四章 八叔的园林梦

能寐。

育苗阶段,是八叔最为紧张也最为投入的时刻,那段时间他几乎将自己所有的时间与精力都倾注在了那片苗圃上。春日里,他细心呵护着每一颗脆弱的种子,生怕错过它们破土而出的瞬间;夏日炎炎,他顶着烈日,观察幼苗的生长态势,汗水浸湿了衣衫也浑然不觉;秋风起时,他忙着观察枝叶花瓣的变化,并一一记在心上。

终于,经过无数个日夜的辛勤耕耘,凤凰园迎来了它的蜕变。春天,桃花、芍药、红绣球、紫玉兰、红棉花、宫粉紫荆花,竞相绽放,宛如彩云追月,绚烂夺目;夏日,鸡冠花、沙漠玫瑰、茉莉花、紫薇花热情奔放,凤凰木火树红花,如火如荼;秋风送爽时节,金桂飘香,睡莲在水面绽放,勒杜鹃、异木棉、菊花红遍山野,将整个园林染成了一片红色的海洋;即便是冬日,漫山遍野的勒杜鹃、水仙、鸡冠花、四季海棠等花卉依然争奇斗艳,给人四季如春的温馨,为这片绿色的世界增添了几分斑斓和艳丽,四季更迭,凤凰园却始终繁花似锦,成为人们心中的一方绚丽。

在花卉王国的凤凰园中,八叔对这片五彩斑斓的花海摆设布局进行了一次革命性的重构。往昔的凤凰园,把各种花卉混杂在一起铺陈,虽然花海遍布全园,却难逃"看一片如看一园"的雷同感,使游客难以激发内心深处的共鸣与探索欲,往往只看一处,便戛然止步。

八叔很快捕捉到了问题所在,于是他毅然以"同种同色同韵,集中摆放;分片布局,各不雷同"为核心理念,对花卉布局进行了大刀阔斧的改变。具体来说,就是同一品种、同一花式的花卉集中摆布,不同的花卉分片布局。

这样的好处，一是同一种花式同一种颜色的渲染，给人统一和谐的强烈感觉；二是避免看一片如看一园的弊端，吸引游客不断移步观赏不同的片种，达到引人入胜、延长观赏路线的最佳效果。真正的园林之美，在于其能引领人心，让人在行走间不断发现惊喜，体验变化之美。

花丛的观感焕然一新。芍药以它那片无垠的雪白，构筑起了一个纯洁梦幻的世界，仿佛是大自然最温柔的笔触，轻轻勾勒出一幅幅静谧的画卷。不远处，鸡冠花则以它那炽热的大红，热烈地宣示着奔放的激情，每一朵都像是火焰般跳跃，点燃了游客心中的探索之火。再向前行，菊花的海洋则以一片灿烂的黄色迎接每一位访客，交织成一幅幅生动的风情画，让人不由自主地沉醉于这份宁静与美好之中。

八叔的设计布局之妙，不仅在于色彩的鲜明对比与和谐统一，更在于他巧妙地利用了人的视觉与心理特征，创造出一种"移步换景，处处皆景"的奇妙体验。游客在园中漫步，每转过一个弯，每跨过一座小桥，都能遇见不同色彩的花海，每一次驻足，都是一次心灵的洗礼，一场视觉的盛宴。

这样的布局，不仅延长了观赏路线，更让游客在不知不觉中放慢了脚步，细细品味每一片花海的韵味，感受大自然的鬼斧神工与园艺师的匠心独运。凤凰园，在八叔的妙手下，已然成为一个充满故事与情感的园林空间，让人流连忘返，回味无穷。

为了让更多人能够欣赏到这份来之不易的美丽，八叔决定定期举办花卉展等绿色盛会。每当这时，凤凰园便成为人们争相前往的打卡地。游客们漫步在花海之中，感受着花香与自然的和谐共生，无不为之陶醉。而八叔，总是站在一旁，微笑着看着这一切，心中充满了满足与自豪。他知道，自己不仅创造了一个美丽的园林，更搭建了一个连接人与自然的桥梁。

在八叔的精心雕琢下，凤凰园从各种植物野蛮生长之地蜕变为有序的花卉海洋，绽放着绿色生命的绚烂与自然的奇迹。这不仅是对美的极致追求，更是对绿色生态的深情献礼。

南粤著名笑星黄俊英（右）与有着"广东徐小凤"之称的著名歌唱家叶幼玲（左）亲临凤凰园花展助兴

凤凰园的绿色故事，并未随着繁花的盛放而结束。八叔深知，园林的维护与发展是一场永无止境的旅程。他将继续以匠心独运的精神，不断探索与创新，让凤凰园的花卉世界更加多元、丰富且充满生命力。而他与凤凰园的故事，也将成为一段众口皆碑的绿色传奇，在追求美的道路上永不停歇。

第七节 "不是专家的专家"

八叔要跨界进军园林领域,而且还要自己设计、自己动手建造。在那段日子里,八叔的决定如同投入湖心的一枚巨石,激起了层层涟漪,外界质疑声四起。人们不解,数亿元的投资,对任何人而言都是一笔庞大的数目,更何况是跨界挑战,不请专业人士设计,反而亲自操刀设计施工,这背后的勇气与决心,让人不禁侧目。

其实八叔曾特邀一位来自江苏、资深的园林设计专业人士亲自操刀设计。然而,当八叔审视着这精心绘制的图纸时,不禁眉头紧蹙,神色凝重。整个风格与常见的园林大同小异,那正门的门楼,竟与蓬莱仙境的标志性建筑如出一辙。总体缺乏新意,更无灵魂。他深知,若以此为蓝本,园林将沦为复制粘贴的平庸之作,难以触动人心。

"你的设计,秉持的是何种理念?"八叔的话语中带着几分探究与期待。对方的回答却如同冷水浇头:"园林嘛,不都是这样的吗?"这句话,如同警钟,敲响了八叔内心深处的警觉。他意识到,若依循传统框架,拘泥于传统的教条,园林将失去其独特的生命力与灵魂。

有一次八叔与几位一起创业的挚友喝茶聊天，话题自然而然转到八叔即将开启的园林之梦，友人的忧虑溢于言表："八叔，您这又是一场豪赌，我们真不知未来会如何。"八叔眼中闪烁着坚定与自信，语气却颇为平缓："这不是赌，我做事向来有我的考量。当初我种植橙树、养殖蛋鸡也是从陌生到熟悉，从外行到内行，从入门到精通。从某种意义上来说，做园林，从某种意义上说或许比养鸡种树更直观，更易于探索。"众人不以为然，有人甚至调侃他是"无知者无畏"。

八叔却不以为意，他缓缓道出自己的见解："养鸡种树，我们面对的是生命的奥秘，病毒、虫害、树根枯烂，往往隐于无形，难以捉摸。而园林，则是视觉的艺术，它的美与丑，成与败，都明明白白地展现在世人面前。这是看得见的世界，做得好不好容易看到。"

他进一步阐述道："创业之路，从无定法。拘泥于传统，盲目跟风，只会让我们迷失方向，丧失自我。正如我在养殖、种植中摸索出的经验，很多时候，打破常规，勇于创新，才能创造出意想不到的奇迹。齐白石先生有言，'学我者生，似我者死'，做园林亦是如此。只有敢于跳出传统框架，融入自己的理念与情感，才能创造出独一无二、触动人心的园林景观。"

为了佐证自己的观点，八叔还举了一个反面例子——一座失败的园林。那座园林，因缺乏明确的主题与理念，东拼西凑，风格杂乱无章，甚至生硬地加入了外国建筑元素，结果显得不伦不类，最终只能黯然收场。这个例子，如同一面镜子，映照出盲目模仿的局限与束缚，也激发了八叔更加坚定地走自己的路，创造属于自己的园林传奇的旨意。

于是，八叔带领着团队，踏上了这条充满未知与挑战的征途。他们查阅资料，研读专著；他们深入自然，汲取灵感；他们反复推敲，调整方案；他们勇于创新，不拘一格。就这样，在凤凰园的设计和建造中，既借鉴中外园林的传统，更注重结合园主的愿景和园址的特点，把与曾凡光达成的共识，把"差异化就是价值的最大化"理念予以极致诠释。

差异化表现在结合地形的独特布局。

八叔游历国内外有代表性的园林，研读不少中国园林专著，了解到"筑山理水"是传统园林最主要的因素。文献记载，秦汉的上林苑，用太液池所挖的土堆成土丘，象征东海神山，开创了人为造山的先例。挖泥筑山，一举两得，山丘堆起来了，理水的空间也挖出来了。

八叔的精明之处，首先体现在选址的先见之明。经多方考察，选择的园址是三座不太高的山，品字形环抱着一片山谷。山下有三面相连的天然池塘，自有山水之禀赋，不用筑山之劳，不费挖池之力。

而天赋的山水，比筑山挖池更省钱更自然。

八叔利用这样的地势，做足"立体的园林景观"的文章，又不破坏其原有的生态环境，因地制宜，浑然天成是八叔心目中园林的一大特色。

八叔借鉴古代园林理水的"掩、隔、破"之法，以建筑和绿化，将曲折的池岸加以掩映；利用三口池塘相隔而又相连的地利，用堤坝横断于水面，或以曲桥、浮桥可渡，或涉水步石而过。这样使水面有幽深之感，增加景深和空间层次。

凤凰园利用三山之谷和山下之平地、湖泊，营造山水相连、高低错落，呈现立体的景观：山下平地，通过为数不多而布局精巧的亭、台、楼、阁、榭等建筑，以及错落分布的巨型太湖石，使园内各部分自然相接。山岗上和山谷中，设置茶亭（古代丝绸之路的驿站遗址）、瀑布群落、观赏林带、盆景展区、观景平台等景物。做到立体分布，上下呼应。

八叔选址除了依山傍水之外，另外一个鲜明的倾向，就是要达到开放式、大开间的要求。所以八叔费了很多力气把园址扩大到三百八十多亩。八叔说，江南园林是以建筑为主，是有历史条件限制的。古代的官宦巨商都把园林作为家族圈中人孤芳自赏的花园，所以用地比较小，以建筑为主，什么"小姐楼""公主阁""吟诗亭""书画坊"……而凤凰园林有几百亩地之广，不以房屋建筑为主，而是以山水、奇石、溶洞、花丛、树林为主。相比之下，建筑所占面积不大，亭台楼阁分布在景区组别的节点上，精巧而别致。

选址依山傍水，立体式、开放式、大开间，八叔打造的园林就是要按照园址这样的格局去展开，而不是机械地按照江南园林的风格和套路去做。

差异化表现为以最奇特、最巨型、最大量的太湖石作为凤凰园造景的核心构件，以太湖石的错落设置作为连接各组景区的节点。

太湖石，中国古代著名的四大玩石、奇石（英德石、太湖石、灵璧石、黄蜡石）之一，因盛产于太湖地区而古今闻名。又名窟窿石、假山石，是由石灰岩遭到长时间侵蚀后慢慢形成的，分水石和干石两种。水石是在河湖中经水波荡涤，历久侵蚀而缓慢形成。干石则是地质时期的石灰石在酸性红壤的历久侵蚀下形成。形状各异，姿态万千，通灵剔透的太湖石，最能体现"皱、漏、瘦、透"之美，其色泽以白石为多，少有青黑石、黄石，有很高的观赏价值。八叔搜集心目中的太湖石颇费了一番功夫。起初，八叔习惯性地在网络上搜寻太湖石的资料，后来又辗转多省市寻觅太湖石。一次偶然的机会，经人引见幸遇一位专门收集太湖石的藏家"松石轩"园主张耀松先生。这位藏家数十年来专门瞄准全国之最，搜集了大批优质、奇特、个大的太湖石等奇石。八叔喜出望外，经张耀松先生的引介，不惜巨资，把最好最巨型的太湖石收拢回来。比如像"一帆风顺""凤来仪"体量这样巨大的太湖石在其他园林景区是看不到的。入口处的太湖石"一帆风顺"，高达10多米，重120多吨，它集太湖石"皱、漏、瘦、透"之美，罕为镇园之宝。

凤凰园用了几十块重几十吨至上百吨的太湖石，根据每块太湖石的独特形状，或独立成景，或组成鸳鸯湖、狮子瀑布等宏大景点。不少太湖石的形状生动逼真，有的像狮子，有的像飞龙，有的像大象，有的像鸳鸯，有的像观音……栩栩如生。

还有个比较突出的景点叫金蟾谷，八叔物色到一块重达五十多吨形似金蟾的太湖石，把它设置在山涧出口处，水在石面上流淌，远处望去，水流好像从金蟾的口中飞泻而出，动感十足，气势磅礴。

游客普遍表示，游园一般都可以见到太湖石，但是如此巨型、奇特、众多的太湖石确实太震撼、太罕见了！

游客郑先生感怀太湖巨石之灵秀，即兴吟诵"嵯峨恍见千山影，孤峭犹闻万壑声"的诗句，以描绘园中奇石争耸之意境。

高州市作家协会谢志在《凤

凰园游记》中这样感悟凤凰园的太湖石景："那些太湖石，或高或低，或立或卧，或醒或醉，形态各异地铺展在百花丛中和水帘之间，层层叠翠，极尽奢华。由此我感叹，在远离太湖的粤西高凉，却能如此近距离欣赏，甚至抚摸到这些顶级的太湖园林艺术，实乃本地游客之福祉也。"

差异化表现为利用地形的优势，营造立体式、高低落差大、横跨面积宽广、分级设置的、声势浩大的瀑布群。

最有代表性的是狮子瀑，瀑布从上而下有30多米，水是逐级而有层次地往下流动，像瀑布的"接力赛"，一级比一级迅猛，与常见的一泻而下的瀑布有很大区别。

整个瀑布群落，犹如一条条倒挂的银龙，逐级飞流直下，水声汩汩，水雾飞溅，在太阳的照耀下，时为斑斓的彩虹，时像朦胧的云雾，美若仙境。

差异化表现为用太湖石仿造钟乳石构成的溶洞。

300多米深溶洞曲折蜿蜒，纵深延伸，高低宽窄随步转换，别有洞天。

仿造的钟乳石，钟乳生花，体垂欲滴，石笋林立，温润如玉，形状各异。在5D灯光的投射下，金龙飞舞、凤凰展翅、鱼跃龙门、祥云图腾，影象万千，色彩变幻，活灵活现。洞中冬暖夏凉，气温适宜，令游人享受片刻的惬意。不少游客感叹，园林景观配有如此宏大的溶洞工程，令人得到别样的感受，为之前所未见。

差异化表现为盆景艺术作品在园林中设专区集中展示。

盆景是中国优秀传统艺术之一，是以植物或以植物和山石为基本材料在盆内表现自然景观的艺术品。盆景被称为无言的诗、立体的画。以"缩龙成寸，小中见大"的艺术审美情趣而更具魅力和生命力，为人民大众所喜闻乐见。

每天凌晨四五点，八叔戴着套头电筒，拾级而上，来到盆景园，手拿剪刀，精雕细剪，为盆中的松柏和杂树塑造出各种姿势和神态。

数百盆盆景型格多样、形态各异。或古榕端庄、或云头雨脚、或风吹劲动、或悬崖临渊、或直干挺拔、或双干联袂。还有的石树组合，水岸蜿蜒；丛林幽深，聚散有度，令人目不暇接。园林景区中如此大规模设置盆景艺术作品，尚属罕见。

八叔和奇石造景能手阿静以英石打造出的巨型山水实景堪称一绝，被誉为"立体的山水画"。这幅宽近20米、高近10米的立体画卷仿若仙境，奇峰罗列，重峦叠嶂，苍松翠柏、奇花异木点缀其间，犹如张家界的群山般气势磅礴。其间庙宇、亭阁错落有致，半隐半现。山涧中，清泉潺潺而流，云雾如轻纱般缭绕。山脚处，小桥横跨流水，灌木郁郁葱葱、连绵不绝，恰似张家界那令人心醉的奇景浓缩于此，令游客赞叹不已。

第四章　八叔的园林梦

　　八叔的盆景在各类盆景展览中屡获大奖。他被聘为广东省盆景协会名誉会长、国际盆景协会（BCI）中国区委员会副主席，凤凰园被吸收为广东园林学会盆景赏石专业委员会委员单位。2025年10月，国际盆景协会（BCI）将在凤凰园举办国际性盆景展，届时国内外盆景界同行将齐聚于此。这一重要行业盛会落地凤凰园，正是业内对八叔盆景艺术的认可。

　　差异化表现为园林整体开阔纵深，有藏有露，恬静深幽，收到曲径通幽，步移景换，渐入佳境奇效。

　　凤凰园的山水布局不是机械地模仿自然，而是通过造园主的审美情趣和辩证思维，运用虚实、远近、聚散、开合、藏露等相互关系，丰富园林美的内涵。

踏上迎凤桥，穿过凤凰楼开间宽阔的前庭，转身就进入隐身于迷宫般的溶洞；低头是波光粼粼的鸳鸯湖，抬头就是从天而降的凤凰群瀑；印月湖畔紧凑地聚合着醉月榭、望月廊、步月亭、得月亭，令你步转景移，目不暇接，但转身就是水面开阔的双龙湖，视野豁然开朗；盘龙广场开阔的平台边际，看似已到尽头，但边角一条不起眼的小径引你走到山的另一面，骤见气势磅礴的狮子瀑和凤凰池。

令你不由自主地感受到陆游那"山重水复疑无路，柳暗花明又一村"的意境。

差异化表现为彰显天人合一的园林意境。

八叔认为，中国传统园林的精髓，就是师法自然，天人合一。

天人合一更是新时代发展的重要理念之一，自然与社会双重意蕴，天人合一都悄无声息地影响着现代中国人的日常伦理和审美情趣。

凤凰园建园秉承"天人合一"的理念，强调人与自

第四章 八叔的园林梦

然的和谐共处。将自然与人的存在作为一个整体来看待，使人与自然和谐相处，真正地与自然环境共鸣，从自然中得到审美的愉悦。

八叔认为，"天人合一"是打造山水美的最高境界。要做到"天人合一"，人的主观愿景就要与园址的自然环境、地形地貌、造园风格等相结合，做到"相地合宜，构园得体"。凤凰园在山水布局上，讲究的是极尽自然，用凤凰瀑布、金蟾谷、梦幻溶洞、印月湖、双龙湖等人工山水模拟大自然的真山真水，以假乱真，按照一定的审美要求创造出天然的自然风景和人造的物质环境相融合的立体空间，使人们纵情于自然之间，在自然中净化心灵、陶冶情操，在精神和情感上与自然山水融为一体。

双龙湖路旁一处发生山体滑坡，如果单纯地去修复，就会给景区留下一个大"疮疤"，八叔受到贵州夜郎谷景观的启发，灵机一动，在滑坡处建起一组民族图腾，后命题为"南越图腾"，"补丁"蝶变为奇景。

图腾是古代部落信仰某种自然事物，或有血缘关系的亲属、祖先，或保护神等，而用来做本氏族的徽号或象征。原始部落对大自然的崇拜是图腾产生的基础。运用图腾解释神话、古典记载及民俗民风，是人类历史上最早的一种文化现象。凤凰园巧建图腾，既不留塌方痕迹，又增加一处景点，增加一分传统文化元素。八叔说，这也是顺其自然、天人合一的具体实践。

天人合一体现在人与自然的和谐相融。自然界的绿色应成为园林的基调，成为新时代园林的鲜明底色，花卉当然是这种底色的重要元素。在凤凰园的建设过程中，八叔不仅仅关注于石头和建筑的布局，他更是将"天人合一"的绿色理念深深植入园林的每一个角落，在他的心中，绿色是新时代园林的灵魂，花卉则是这片绿色世界中最绚烂的笔触。在四季如春的南方种植不同品种的花卉，四季轮回，常年繁花似锦。

在八叔的心中，凤凰园不仅仅是一个旅游景点，它更是他对自然美的追求，是他实践天人合一理念的体现。在这里，人与自然和谐相融，花卉与人的审美情感互动，创造出一个美丽、繁荣、生机勃勃的世界。

差异化表现为传承中华民族传统文化和改革开放新时代的新文化的传承、发展和融合。

凤凰园运用了诗词歌赋、书画艺术、戏曲杂技表演、楹联、雕塑、图腾、园艺、盆景、国学长廊、农耕文化馆等文化艺术形式。

这些文化艺术形式侧重于中国传统文化的智慧与积淀。而花海漂流、音乐喷泉、儿童乐园、彩虹吊桥、观瀑浮桥、凤凰大舞台、侏罗纪恐龙园等景观以及悬赏征联、摄影比赛、广场舞竞技、歌舞表演、中小学生研学游等活动，则彰显当今时代的挑战意识、创新意识、团体观念、合作理念、绿色环保的时代精神、科技引领的发展理念和节奏跳跃、简约时尚的时代韵律。

新时代的人文精神，包括的一个重要方面就是以人民为中心理念下的人文关怀。八叔说，我们角色互换，从游客需求的角度去设置园区的配套设施。凤凰园造园的底线是，停车要方便，太阳晒不着，走累有处坐，饿了有得吃，厕所也要干净舒适。

凤凰园确实做到了。为了晒不着，八叔购置了几千棵大树，特别种植了一批速生快长遮阴性强的小叶榕，有些路段设置了拱形的藤廊、花廊通道。为了饿不着，园区内餐厅供应各色美食，还聘请顺德大厨培训，定点供应单位，保证材质卫生达标，坚持薄利多销，做到价廉物美。凤凰园餐饮负责人秋婵就任的第一天，八叔就吩咐："一定要让客人吃得饱、吃得好，份量要足，食材要新鲜，不能有隔夜菜。赚钱不是餐厅的主要目标，让游客感到愉快才是最好。"此外，就连卫生间，也别出心裁地设计成钟乳石溶洞般的场景，让游客感到安宁、舒适、干净。

八叔要求园区的服务以游客为中心，从细节着眼，互换角色体察游客的感受，使暖心服务常态化，沉淀成服务的品牌。比如客服人员通过视频等途径时刻留意景区的实时情况，下雨时看到游客没带伞，马上把伞送到客人手上；发现游客摔跤，即时派人临场察看护理……

差异化表现为园主精神和愿景的加持，让游客享受叠加的"人文红利"。

八叔由普通农民蝶变为成功的企业家、现代园林的设计和制造者，但农民的质朴始终不变。曾凡光先生称道八叔为"低调的生活，豪华的人生"，列举了八叔的几方面品质。

农民的俭朴，天生保留对大自然的热爱、对农业的执着；不趋炎附势，不跟风，不受市场热点干扰；执着不固执，认准的事百折不挠，想尽一切办法做好做成功，做一行就基本上能做到行业头部的地位；又能从善如流，有着海纳百川的胸怀；有很好的学习力、借鉴力，思想朴素，做事有自己的独特见解并有很强的执行力，做事是按事业来做；凡事亲力亲为和亲自体验，有超强的自律能力；天下均利思想，愿意分享，将创造价值的技能传授给他人，引领共同致富。

园林是园主心中愿景的缩影，是寄托人生理想、抒发高洁志趣的载体。在市场经济条件下，艰苦创业、勇于创新的进取精神与浮躁不安、急功近利等情绪共存的当今社会，人们在勇敢迎接挑战的同时，比以往任何时候都需要一个能够真正放松身心、重回自然、重回简单、返回本真的诗意空间。

八叔就是以这样的愿景，以园主的内在美和景观的外在美融合起来，这样来经营他的凤凰园。

不少游客不止一次地游览凤凰园，携上家人、结伴亲友参观凤凰园，甚至不少企业、学校和社会团体组团到凤凰园开展团建活动。既享受园林美景的视觉愉悦，又得到八叔故事的精神激励。

第四章 八叔的园林梦

广州某企业老总郭先生说，凤凰园的特别之处就是复合的旅游价值，有美景游玩，有好故事听。一个70多岁的老人亲手建造一个大园林，本身就很感动人。从凤凰园自然清新的风格看到八叔的淳朴的内心世界，八叔创业成功的经验让我们佩服得五体投地！凤凰园是团建活动最理想的去处。

李小姐在短视频道出这样的旁白："真没想到，这个园林是八叔70多岁再度创业成功的成果。耗费五年，巨资打造。这是只读过几年书的民营企业家创造的奇迹！八叔说他的成功秘诀是学习，学习，再学习。突然明白，比园林更吸引人的是创造园林的人。佩服，大写的佩服！如果你现在正做一件事情，还没有取得成功的话，请不要怨天尤人，你要反思自己是不是付出得还不够多，是不是还不够努力，因为失败与成功都是自己种下的因果。"

园林界"达人"八叔的奇思异想，就这样跳出了教科书的窠臼，凤凰园按照八叔的理念和蓝图建成后，著名园林专家高伟和古旋全到凤凰园一番考察，不吝赞美之词，异口同声地认为八叔是"不是专家的专家"，八叔设计的凤凰园是"没有章法的章法，不是章法的最高章法"！

茂名市委常委、高州市委书记王土瑞视察凤凰园时，对八叔自主创新建设园林大加赞赏，还无不幽默地说："有你八叔这样的独创精神，专家都快要失业了。"

第五章
果园之春

第一节 种果的"冷"与"热"

高州,全国水果第一市,享有"龙眼、荔枝、香蕉之乡"的美誉。

高州的龙眼,特别是储良龙眼,因其果大、皮薄、肉厚、清甜的特性,成为了市场上的宠儿,深受消费者的喜爱。储良龙眼的母树就位于高州市分界镇,经过农技人员的精心培植与改良,实现了规模化种植,其口感保持稳定。

随着城乡经济的飞速发展,高州的龙眼市场一度呈现出空前的热潮。市场上,每市斤龙眼的卖价由原来的几元钱到峰值时竟突破了40元,这无疑是前所未有的。龙眼的赚钱效应迅速传递,龙眼的高利润吸引了海内外各方目光,高州掀起了一股投资种植龙眼的狂潮。地租价格随之飙升,每亩年租金高达四位数,这在以前是难以想象的。

田间地头,投资者们忙碌着扩大种植规模,他们的脸上洋溢着希望和兴奋。他们憧憬着龙眼的市场前景,眼中闪烁着财富的光芒。

更令人瞩目的是,包括境外某塑料大王、玩具大王在内的几

第五章 果园之春

个大集团也纷纷投入数亿元巨资，经营起动辄数千亩、上万亩的果园。

在这股"龙眼旋风"中，不知道多少亲朋好友在八叔耳边吹"龙眼热风"，甚至家里人也力劝八叔入市种植龙眼，好让"钱生更多的钱"。

八叔数十年深耕种植与养殖，对农产品的市道有清晰的认识。农产品市场风险本来就较难预测，现在种植龙眼成本高企，重资产运营风险更大，加上当下市场渠道、保鲜技术和应对天气变化诸方面的影响一时未能很好地解决，往往会遇上尴尬的窘境：年景好时你丰收了，产品价格就下来了；收成不好时产品价格上涨了，你却没有多少产品可卖。

看到龙眼等水果成为带动乡亲们致富的金钥匙，看着乡亲们因这金黄果实而笑逐颜开，八叔心中一边涌动着难以言喻的宽慰与喜悦，一边也有隐隐的担忧。

至于入市，八叔心性坚定，不为眼下这股热潮所动，心中反而吹拂着冷静的凉风。"好市莫追，烂市莫歇"，这句祖传生意箴言在他心中如磐石般稳固。八叔早已在商海的波涛中悟到：大家都看得到的"机遇"都不是机遇。

此刻，八叔放眼热浪滚滚的龙眼种植狂潮，更多的是暗暗的担忧：世人多爱追风逐潮，眼见他人盆满钵满，诱惑如潮水般汹涌，众人往往趋之若鹜，挤在同一生意跑道上，结果堪忧。八叔可以做到的是，独守清醒，不做跟风者！

八叔安坐在茶室中，喝上一口带有淡淡略带苦涩的绿茶，心里细细思忖……眼下任何一个山岭都种满了荔枝、龙眼，屋边也种上了。想到做生意要看得远一点,别看眼下龙眼卖到三四十元一斤,跟风人多了,市场价格难免有大起大落的波动。还有一个风险就是,如果科技、管理水平跟不上规模的扩张,年景不好时产量严重下降,亏损面大,资金链断裂,经营就会难以为继。所以八叔认为,任何产业都不能单纯追求规模的扩张。而是要依靠科技创新,高质量发展才是可持续的路子。

市场的逻辑是无情的。时间辗转至二十一世纪初,不出八叔所料,龙眼市场严重供过于求,跌到一两元一斤,有的摘果的人工费用也收不回来,不少果实烂在地里。加上当时市场营销、农产品深加工跟不上水果规模的扩张,产品严重滞销。在那几年里,大投资商被市道逼得壮士断腕,落荒而逃。

2007年初春的一个黄昏,荷塘镇龙眼果园出现了一个孤单的身影。厚厚的云层仿佛吞噬了夕阳的余晖,将这片曾经的龙眼热土染上了一层淡淡的忧郁。果园里,曾经繁茂的景象已不复存在,取而代之的是满目的荒芜与寂寥。藤蔓缠绕着将要枯萎的果树枝干,落叶铺满了小径,空气中弥漫着一种被遗忘的气息。

此时的八叔,反而对龙眼的行情开始重视起来。

果园里,偶尔传来几声鸟鸣,更显得这片土地的空旷与寂静。八叔停下脚步,环顾四周,心中涌起一股复杂的情感。他深知,这不仅仅是一片果园的衰败,更是无数人心血与梦想的破灭。然而,也正是透过这份衰败,让他看到了转机的曙光。

"烂市莫歇,烂市莫歇……"八叔脑海里反复回旋着这句烂熟于心的祖训,嘴角不自觉地上扬,露出一丝不易察觉的异样表情。

第五章　果园之春

他蹲下身子，用手轻轻拨开树底下的落叶，露出下面湿润的土壤，八叔眼前一亮。此时的他，仿佛是在与这片土地进行一场无声的对话。

就在这时，一位果园的老农民迎面走来，满脸疲惫。看到八叔，他眼中闪过一丝惊讶，随即又黯淡下去。"八叔，您怎么来了？这果园已经没人要了。"老农民的声音沙哑而无力。八叔微微一笑，伸出手拍了拍老农民的肩膀说："老兄弟，别灰心。水果是我们家乡的宝贝，不会没人要的。"老农民摇了摇头，叹息道："希望？唉！连摘果的人工费都讨不回来，更别说赚钱了。"

八叔没有立即回答，而是指了指远处的果园，说："你看那些果园，虽然现在看起来荒凉，但树的根基还在，只要好好打理，来年一定能结出好果子，更重要的是，现在很多人都放弃了，不正是我们应该回头看看的时候了吗？"

老农民闻言，眼中闪过一丝光亮，随即又心存疑虑地问："八叔，您说的是道理，您是不是有入市的打算呀？"八叔没有正面回答，只是说："咱们是农民，土地就是咱们的命根子，只要土地在，希望就永远在。"说完，八叔转身离去，背影在夕阳下拉得长长的，显得格外坚定。他将要作出一个很多人预料不到的决定。

八叔一口气跑了荷塘、镇江、石板等好几个镇的龙眼园，接触前来要放盘的老板，对果园的状况和接盘果园的价位了如指掌。某知名企业家壮士断臂，投资上亿元的果园，放盘价仅为几百万元。在八叔眼里是近乎抄底的商机。八叔深信，这个决定不仅为自己带来发展的机会，也将为带动当地低迷的水果产业重新振兴及时注入新的活力。

当然，抄底接盘也存在一定的风险。八叔需要面对果园的经营管理、市场营销、资金运作、技术创新等多方面的挑战。但是，只要他能够充分利用自己的资源和优势，积极应对各种挑战和风险，相信他一定能够成功实现自己的发展目标。

终于，八叔对市场的研判转化为入市的决定：人弃我取！抄底接盘大片的龙眼果园！

这个决策在他的同事、亲友中引起了轩然大波。

在蛋鸡场的办公室里，资深负责人黄庆能眉头紧锁，双手背在身后，语气坚决而严肃："八叔，我认为这是一个非常冒险的决策。我们的蛋鸡场业绩稳定，为什么要去冒这个不必要的风险？"他的声音中充满了担忧。八叔坐在会议桌的一端，他神情平静，眼神深邃。他缓缓地开口，声音平和而充满自信："我知道你们的担心，但我看到的是一个巨大的机会。"

八叔接着娓娓道来："投资要踏准经济周期的节奏。我说说对经济周期的认识。所有事物的发展，包括经济运行都是有一个从高峰到低谷循环往复的周期。我们对蛋鸡的市场周期再清楚不过了，国内一般都是三年一个周期，而美国是七年一个周期，为什么他们周期延长了呢？因为他们的资金雄厚，亏损两三年也能守得住，当时我和农户的资金薄弱，只要亏损一年就撑不下去了，亏损就要减量，就这样进入低谷期。龙眼种植的周期会更长，一般是十几年一个周期，上升期龙眼价格高企，当很多人跟风种植的时候就到了峰值，随之而来就会走下坡路，可能又要经历三五年价格才会上涨一点，因此会有很多投资者坚持不下去而丢荒。现在接盘龙眼果园几乎是抄底价，可轻资产运作，加上我们的技术、蛋鸡场肥源等优

第五章 果园之春

势,此时不入更待何时?"

会议室里的空气仿佛凝固了。黄庆能摇了摇头,不解地叹了口气,显然还是理解不了八叔的想法。他的眼神中透露出极度的不安。

在八叔的家中,亲人们也并不乐观。饭桌上,家人们围坐着,面露忧色。八婶轻声说道:"你真的考虑清楚了吗?这个市场现在这么低落,我们是不是应该再想想?"她的眼神中充满了担心,手指不自觉地摩挲着餐巾。

在果园里,一些熟悉的果农同样对八叔的决策表示了担忧。他们围绕着八叔,议论纷纷。一位经验丰富的果农摇头说道:"八叔,这些龙眼树疏于管理,半死不活的,你接手后,至少耗费几年时间才能恢复结果。"他的脸上写的都是怀疑。八叔的回答依然坚定:"我知道这个决策看起来很冒险,但我相信我的判断。我们不能总是畏惧风险,有时候,正是在最困难的时候,才是最大的机会。"

八叔徜徉在果园中,眼神扫视着周围的果树。他的脸上没有丝毫的动摇,反而更加坚定:"我知道这不容易,但我有我的计划。我当年种橙种得比别人好,如今同样可以种好龙眼。我还要改良种植技术,提高产量;加上自己鸡场的大量鸡粪就可派上大用场,与种植水果形成良性循环。而且,中国之大,只有华南地区可以种植龙眼。现在政府助力农产品流通,电商物流发达,农产品深加工业趋向成熟,市场流通渠道已经非常完善,我们完全有机会将这些龙眼销往全国乃至海外市场。"

一串串数字、一番番盘算在脑海里跃动,渐趋清晰。

八叔有这样的习惯：越是众多的反对声音，决心下得越是坚定；而众人说好的事情，反而保持特有的警惕。他的这一决策不仅是对市场的深刻理解，更是对自己判断的笃信。他的这一步棋，虽然看起来冒险，却充满了智慧和远见。对此，八叔的女儿梅芝这样说："父亲他并不执着于他自己不擅长，以及超控范围的事情，拿得起放得下；但是他一旦决定做一件事情，不管别人怎么说，他都会全力以赴，力求做到最好，要不就不做！这也是他给我人生最大的启示。"

就这样，八叔一口气以抄底价接盘了近4000亩龙眼果园！

八叔的故事告诉我们，逆向思维是对经济规律的一种能动的掌握。在逆境中坚持自己的判断，勇于冒险，才能把握应运而生的商机。

第二节 不循常规的丰收之路

八叔的团队来到这片破败不堪的龙眼果园。

清晨,稀疏的树冠如同筛子一般,将朝阳筛落成一道道耀眼的斜线,斑驳地洒在铺满落叶的树丛中。八叔的目光穿过残枝间的霞光,仿佛望见了丰收的希望。然而,这希望之路注定布满挑战与艰辛,是他创业旅程中又一次对智慧、毅力和市场洞察力的考验。他明白,唯有灵活应变,不断创新,方能逆转颓势,创造奇迹,续写属于自己的创业传奇。

员工们走进果园,首先映入眼帘的是那些杂乱无章、野蛮生长的杂草和藤蔓,它们像是压倒一切的入侵者,肆无忌惮地占据了每一寸土地,将曾经整齐的果树行间淹没,于是大家不约而同地把焦虑的目光投向八叔。

朝阳逐升,勾勒出八叔那坚毅的背影,他仿佛背负着整个果园的希望,缓缓穿行于这片看似被遗忘的土地,看着荒草萋萋,野花零落,昔日的繁荣已化作斑驳的记忆。只见八叔踩着厚厚的落叶,走到一棵看起来还有些生机的龙眼树前,抬头仰望那高耸的树干,他的眼中闪烁着复杂的情感:是对过去的怀念,还是对未来的期待？

他低声自语："龙眼啊龙眼，这上天所赐的特产，却浇灭了多少人对丰收和财富的热切期望，而今我依然对你保持着一分敬畏之心和希望之光，更不敢有丝毫的懈怠。"

一场复兴果园的战斗打响了！八叔指挥着团队成员，有的铲除肆虐的杂草；有的喷洒着防治病虫害的农药；有的精心修剪枝条。

阳光穿透薄雾，洒在复兴果园的每一寸土地上，给这场紧张而有序的"战斗"披上了一层金色的战袍。八叔站在果园的中央，头戴一顶宽边草帽，眼神坚定而充满智慧，如同战场上的指挥官，引领着这场对果园生命力的捍卫战。

四周，团队成员们分工明确，动作麻利而充满默契。一群人身穿轻便的工作服，手持锋利的镰刀，弯下腰来，每一次挥动都伴随着杂草倒下的清脆声响，然后用锄头把草连根清除。

另一边，几位背着沉重喷雾器的成员，正小心翼翼地穿梭在果树之间。他们脸上戴着防护口罩，眼神专注，每一次按压喷头，都精准地将药水喷洒在果树的每一个角落，叶面喷了，叶底也不放过。仿佛是在为果树进行一场细致的洗礼，驱除病害，迎接新生。药雾在阳光下泛起道道彩虹，带着希望的气息弥漫在果园的空气中。

而果园的深处，几位园艺师则手持剪刀在果树间游走。他们的目光锐利，能迅速识别出那些影响果树生长的闲枝、乱枝以及枯黄枝条，随后以极快的速度、极精准的角度进行修剪，让枝条有更健康的生长空间。

复兴果园的战斗极其艰苦。八叔依然是当年养蛋鸡的那般精气神，此刻他的角色俨然是一位煽动家，他要鼓起大伙的信心和劲头，他展开那高亢的嗓音唱起了电影《我们村里的年轻人》的主题曲：

龙眼好吃树难栽

不下苦功花不开

幸福不会从天降

美好的前程等不来

莫说我们家乡苦

夜明宝珠土里埋

只要汗水勤浇灌

幸福的花儿遍地开……

八叔俏皮地把原歌词"樱桃好吃树难栽"唱成"龙眼好吃树难栽"，引得大家一阵欢笑，气氛顿时热烈起来。在八叔亲自指挥下，路基得以修复，杂草被清除，病虫害得到控制，枯枝败叶被精准修剪。

太阳逐渐升高，金色的阳光洒在八叔和他的团队身上，为这场复兴之战镀上了一层希望的光辉。

在八叔的精心规划下，循环经济的理念在果园中得到了有效地实施。原本被视为废弃物的蛋鸡场的鸡粪，在八叔的手中变成了果园宝贵的肥料，他运用发酵的土办法，将鸡粪转化为富含养分的有机肥料，既解决了鸡粪处理的出路，又为果园提供了源源不断的养分来源。

施肥方式的转变是果园复兴的最重要的一步。八叔深知传统干肥的局限性，它虽然能提供养分，但吸收效率较低。于是，他大胆尝试将"水肥一体化"的技术引入果园，通过灌溉系统将经过发酵的鸡粪水肥均匀、精准地输送到每一棵果树的根部，并坚持"勤施薄施"的原则。这种方式大大提高了养分的吸收效率，减少了肥料的浪费。随着水肥的滋养，果园仿佛被施加了魔法，迅速焕发出勃勃生机，原本萎靡不振的树叶逐渐变得翠绿茂盛，花也开得更加繁盛，蜜蜂和蝴蝶被吸引而来，它们在花间穿梭忙碌，为果树授粉，果园里的空气中弥漫着淡淡的花香，让人们重拾希望。

七月盛夏，正值收获的时节，八叔的果树枝头挂满了沉甸甸的果实。八叔与团队成员目睹此景，心中洋溢着难以言喻的喜悦与成就感，这也让老果农们叹为观止，完全颠覆了他们"至少需要两三年方能恢复挂果"的预判。

只有那些在果园里与八叔一同日夜操劳的员工才真正明白，龙眼的丰收并非偶然，它主要源自八叔一次次的大胆尝试和颠覆性的创新！

高州龙眼种植历史悠久，迄今已有两千多年的历史。那些祖祖辈辈沿袭的种植之法，就是不变的循环往复。千百年来，果农都是按照祖辈流传的方法，按老皇历行事，每年都是在固定的时间来促花、施肥、杀虫。遇到年景好，收成就好一点，年景不佳或天气异常的年份大为减产甚至失收，这样就有了龙眼"大小年"之说，"听天吃饭"被认为是天经地义的。

然而，八叔对传统的种植套路并不认同，更不甘"听天由命"！八叔坚决摒弃"一本通书读到老"的旧习。比如显而易见的气候变化，十多年前十二月已经进入严寒，现在却可一身短袖装束。八叔认为，照搬这些传统的经验无疑是行不通的，改变传统的套路，善于创新，是八叔敢于在龙眼市场低迷中大规模接盘的底气！

八叔当年创新养鸡技术，源于把鸡当孩子来养，晚上睡鸡舍，细心观察，对鸡的脾性了如指掌。如今，八叔把养鸡的精神头用在种龙眼上。

钟泽运，一个精干的中年人，有自己的龙眼果园，从事龙眼田间管理十多年了。三年前应聘到八叔果园负责技术和管理工作。他说："我在八叔的龙眼果园经历了龙眼种植管理技术脱胎换骨的改变，深深感受到八叔做事的求真务实和专心致志，而且应变能力非常强。我刚开始还是按照传统的做法，在十一月就喷施催花的药，而且我知道所有的果农

龙眼果园技术员钟泽运

都是这样做的。八叔看到后却果断地说：'今年的气温相对较高，催花施药要推迟。'八叔善于根据天气变化随机应变，不会因陈旧守，八叔对果树生长状态的感悟和专心程度，是一般果农没法比拟的，这就是八叔始终掌控着丰收的主动权的奥秘。"

种植龙眼这么多年来，八叔仔细观察和记录龙眼的生长、开花、结果这些关键期的生长特点，尤其注重观察不同的气候、不同的水肥条件下，这些龙眼生长的不同状况。八叔还细致地把树的壮

弱、不同的土质、果园的不同的朝向、不同的风热条件进行分类管理，做到因时施策、因园施策，甚至因树施策。

因时施策。不同节令的气候条件对龙眼树的生长也有着直接影响。比如，虽然冬季龙眼树处于休眠期，但随着气温逐渐回升，昼夜温差加大，这种气候条件有利于龙眼树积累养分，增强树势，为接下来的开花结果打下坚实基础。八叔通过多年的种植经验，准确把握了这一气候特点，并利用这一时机对果园进行精细化管理，如修剪枝条、施肥灌溉、病虫害防治等，以进一步促进龙眼树的生长和发育。

因树施策。就是对树不同的生长状况分类管理。特别对开花过于旺盛的树，就要通过技术控制其长势，防止小叶徒长，使花能够转化为果实；而对一些长势不好的，就要加强营养供给，防治病虫害，迅速恢复长势。

八叔说，这就涉及果树的平衡生长的基本原理。果树生长过程中，生殖生长与营养生长是两个既相互联系又有所区别的关系，需要实现两者的平衡以保证果树的健康生长进而达到高产。

生殖生长与营养生长，两者都是果树生长过程中不可或缺的方面，共同构成果树的完整生命周期。它们都需要消耗养分、水分等资源，并受到光照、温度等环境因素的影响。不同点是：营养生长主要目的是增大树体、扩展树冠、增加叶片数量等，为果树整体生长提供物质基础；而生殖生长则专注于花芽分化、开花、结果等过程，关乎结果的数量和质量。营养生长体现在根、茎、叶等营养器官的生长上；而生殖生长则体现在花、果实、种子等生殖器官的形成和发育上。

八叔通过长期观察、对比、试验，总结出一整套实现果树生殖生长与营养生长得以平衡的技术和方法，包括肥水管理、修剪整形、病虫害防治等。

采取的具体方法：

一是按需供给的肥水管理：根据果树的生长阶段和需肥特点，合理施用氮、磷、钾等肥料。例如，在开花前适量施氮肥可促进新梢生长和提高坐果率；在花芽分化前适量施磷肥可促进花芽分化；在果实发育期适量施钾肥可提高果实品质和产量。

二是修剪整形，控制营养生长：通过修剪枝条、疏除过密叶片等措施，控制营养生长过旺，使养分合理分配到生殖生长上。

三是促进生殖生长：通过短截、回缩等修剪方法，刺激果树形成更多的花芽和结果。

四是加强监测，适时防治病虫害：定期检查果树的生长情况，预判病虫害滋生的可能性，及时采取措施进行防治。

五是综合防治：采用农业防治、生物防治和化学防治相结合的方法，减少病虫害对果树生长的影响。

八叔的探索最重要的发现是：春节期间是龙眼种植管理最关键的阶段。因为春节期间正值龙眼树的开花繁盛和花芽分化期，必须做好疏花的技术活，提高坐果率，这是决定全年龙眼产量与品质的关键前提。龙眼树的花芽分化通常在冬季进行，而春节前后正是这一过程的尾声和开花的重要阶段。此时，果园的管理和养护对于促进花芽的健壮发育，提高坐果率至关重要。八叔经历过春节期间不去做疏花保果的管理，结果龙眼花蕾大部分掉落的教训后，每年春节期间这最关键的几天，八叔都亲自带队到果园做好疏花等相关管理。

每到岁末年初,当大红灯笼高高挂起,家家户户沉浸在春节的喜庆与团聚之时,八叔的世界却与这份热闹格格不入。从除夕的晨曦初现到春节的尾声,他的身影总是穿梭在那一片繁花似锦的龙眼果园里,早出晚归,仿佛与这片土地有着不解之缘。

起初,春节对八叔全家而言,是个略带遗憾的团圆节。妻子会温柔地提议:"今年春节,咱们一家好好聚聚吧,孩子们念叨着你呢。"她的眼里藏着不舍与期盼,希望这份家庭的温暖能留住丈夫匆匆的脚步。但八叔总是轻叹一口气,目光坚定地望向远方:"我知道一年一度春节团圆对家庭的重要,可果园这会儿正是关键时刻,一年收成的好坏全看这几天的照料了,我得守着它。"年复一年,这样的场景渐渐成了习惯。家人的不理解逐渐转变为深深的理解和支持。八叔的妻子开始主动帮助他准备去果园的行装,孩子们也不再抱怨。

春节的鞭炮声在远处此起彼伏,而八叔的果园里,则是另一番静谧而繁忙的景象。八叔他们有的疏花,有的施肥,有的进行环割等调控生长的技术活,既要壮树有利于多开花,又要防止冬梢徒长。此外,要适当修剪那些交叉枝、重叠枝、内膛枝和徒长枝。还要剪去那些残花弱果,保证果实的质量。

粤西春季南风起,空气湿度大,在花穗生长发育期小红叶(立冬期叫冬梢)是生长得最旺盛的,花期至出果期都伴随着小红叶的徒长,小红叶的徒长枝是不能结果的。

防止小红叶徒长的技术性很强。除了通过秋季的水肥管理,使秋梢老熟后不再萌发冬梢以外,还要在冬季通过断根、环割、环剥、环扎、人工摘除等手法予以控制。传统做法一般只是荔枝才环割的，而龙眼树的生长特性承受不了环割对树的创伤。但八叔历经几年的试验，此法才获成功。为什么一般人不敢环割而八叔环割之术却能成功呢？因为八叔有充足的有机肥料，环割削弱树的长势后，再用充足的肥料，使树很快恢复旺盛生机。还有回缩修剪，一般人都认为回缩得太伤树势，树体恢复较难，不利下年的开花结果。八叔不是刻板地照搬传统经验，而是根据每年的气候特点进行回缩修剪，按需施肥，采用药物控梢，加上环割等手段，使龙眼树壮旺又不徒长，达到生长平衡，这样确保连年丰收。

当春节气氛渐渐消退时，八叔却乘兴而归，他的脸上总是洋溢着满足和自豪。他知道，自己的牺牲和努力，将会在收获季节得到最好的回报。而家人的理解和支持，更是对他最温馨的慰藉。

在短短几个月的时间里，果园仿佛被施加了魔法，焕发出了前所未有的生机与活力。金黄的果实挂满枝头，沉甸甸的，仿佛是大自然对八叔和他的团队最丰厚的奖赏。八叔的龙眼，不仅个头大、色泽诱人，而且口感极佳，甜而不腻，爽脆多汁，每一口都是对味蕾的极致诱惑。乡亲们也纷纷前来帮忙采摘，他们的脸上洋溢着幸福的笑容，对八叔的敬佩之情溢于言表。

龙眼有"南方的人参"的功效。八叔把自己的龙眼注册为"绿杨南参"商标。随着口碑和知名度的不断提升，八叔的龙眼逐渐在市场上形成了品牌效应。农产品批发市场的批发商老董是八叔龙眼的老客户，他说："要等'绿杨南参'的龙眼卖完了，别人的龙眼才有人买。"八叔的龙眼不仅畅销本地市场，还远销外地甚至海外。价格也因此水涨船高，但即便如此，消费者们仍然愿意为这品质上乘的龙眼买单。

然而，八叔并没有因此而满足，他深知农产品市场的不可预测性，为了应对可能出现的龙眼滞销情况，他果断决定将龙眼鲜果加工，制成龙眼干果或桂圆干等保健品和药材。这一举措不仅延长了龙眼的保质期和销售期，还增加了产品的附加值和市场竞争力。在加工过程中，八叔严格把控每一个环节，确保产品的品质和口感。他选用优质的龙眼作为原料，经过精心挑选、晾晒、烘干等工序后制成桂圆干果。这些桂圆干果肉质甜蜜、美味可口且富含维生素和磷质等营养成分，具有益气补血、安神定志等多种保健功效。它们不仅深受消费者的喜爱还成了市场上的抢手货。

当有人羡慕地称赞八叔运气好时，他总是微笑着摇摇头说："运气是努力得来的，更重要的是在看不到希望时的选择和打破传统经验的大胆创新。"的确，八叔的成功并非偶然，而是他用自己的智慧和汗水创造了一个又一个的奇迹，让这片曾经荒芜的果园焕发出了新的生机与活力。

第三节 从病床到果园的思路

2022年的最后一天,对八叔来说是祸从天降的一天。

八叔攀上2米多高的龙眼树上,给工人讲解疏枝的要领。八叔正全神贯注地解说时,不料脚下突然传出"嘣"的一声,原来是一根看似粗壮、实则已被台风摧残得十分脆弱的树枝不堪重负折断了。八叔猝不及防,随着"啊"的一声惊呼,他的身体失去了平衡,重重地摔在了坚硬的树底下,发出一声沉闷的响声。"糟糕了!"这个念头瞬间闪过他的脑海,他试图挪动身子,但觉得右脚已不听使唤,他知道骨折了。愣愣神,大脑还清醒,上身转动自如,但只过一会腿部剧痛阵阵袭来。工人们甚为惊慌,一时手足无措,正在哀叹今天怎么这般倒霉,近80岁的人了,这下怎么是好?

此时却听得那边传来八叔有点沙哑的声音:"今天真是万幸了!没砸伤头部,没伤及内脏。大家不要担心!"

陪同的阿才看到八叔疼痛得满额汗水,这么快就转过神来,不由得又心疼又佩服。八叔就是这样,看待什么事情都往乐观方面想,看法往往无出其右,有一种得失不惊、悲喜不乱的格局。这位历经风霜的老人,总能在黑暗中寻得光明,他的心态如同他那不凡的见解,总是超乎常人,得失之间,总能淡然处之。记得那年,镇江的鸡场遭台风肆虐,损失惨重,四百万的财富化为泡影,工人们都沉浸在悲痛之中,而八叔却带着他的二胡,独自登上山顶,用悠扬的旋律驱散心中的阴霾。他深知,沉溺于悲伤无济于事,遇到再大的挫折也要想得开,唯有积极面对,方能重整旗鼓。

八叔说:"面对任何变故,从不同的角度看待就有不同的心态。"他给员工讲述过这样一个传说:一位怀揣着金榜题名之梦的秀才,踏上前往京城应试的征途。半路上偶遇一位算命先生,秀才心生好奇,便将自己的三个梦境细细道来:一是在高耸的墙头尝试栽种草木;二是大雨滂沱之时,自己既戴草帽又披蓑衣;三是与妻子同榻而眠,却背靠背而睡。算命先生听后,眉头紧锁,断言此三梦皆为不祥之兆:墙头种草,徒劳无益;戴帽又披蓑,多此一举;夫妻背对,寓意不被妻子看好。他劝秀才即刻打道回府,以免徒劳无功,浪费盘缠。然而,秀才带着一丝不甘,再寻他人解梦。另一位算命先生听闻后,却给出了截然不同的解读:墙头种草,寓意"高中";戴帽披蓑,则是"有备无患";至于夫妻背对而眠,则是预示着即将迎来"翻转"之时。这一番话,如同春风化雨,让秀才重拾信心,更加坚定了前往京城应试的决心。

八叔讲述的这个故事或许是虚构的,但寓意深长,启迪了在场的员工的思路。他们领悟到,面对生活中的困难和挑战,不能轻易被外界的声音所左右,更要有自己的判断和坚持,要用积极的心态去面对一切,不同的角度,会带来截然不同的解读。就像我们工作中遇到的问题,换个角度思考,或许就能找到新的解决方案。八叔就是我们最好的榜样,无论遇到什么变故,都能保持乐观，坦然面对。

再说那天下午，受伤的八叔在高州市中医院接受了影像检查，结果证实了他的右腿大腿骨不幸骨折，且为两处断开。在接下来的十多个月里，他躺在病床上，强忍剧痛，坚持不懈地进行着恢复性锻炼。工作的脚步虽因腿伤而按下了暂停键，但八叔脑海里的那台"机器"却从未停歇，三千多亩龙眼果园的未来成了他日思夜想的焦点。

病房的静谧为八叔提供了一个可以安静深思的空间，他的思绪紧紧缠绕着果树种植技术改良的每一个细节，脑海中不断回响着对果园管理的深刻反思。面对时下风靡的龙眼果树间伐策略——通过间伐拉大果树间距以促其高耸，扩大树冠体积，进而期望提升产量。八叔对此却不敢苟同，甚至有着截然相反的洞见。

他深刻剖析，间伐虽看似能让果树增高，提高单产，实则暗藏危机：采摘难度陡增，人工成本飙升，安全隐患如影随形，更易被台风和寒潮侵袭摧残。尤为关键的是，间伐牺牲了果树的数量，即使单产有所提升，总产量却必然减少。

八叔心中的果园蓝图，是另一番景象——矮化密植，高产高效。不间伐意味着果树数量的增加，总产量自然增加。同时，矮化果树可实行水肥一体化喷灌，且能降低采摘高度，提高工效，保障作业安全，大幅削减用工成本。果树矮化后，辅以疏枝整枝，使果树通风透气，光照充足，病虫害无处遁形，枝条因此茁壮而茂盛。真正实现了高产高效的双赢局面。

病床窗帘紧闭，室内光线幽暗。八叔果树丰产的创新性方案却如星辰般璀璨,照亮了他心中那片矮化密植、硕果累累的果园愿景。

八叔一直以来都是个行动派,他急切地要将龙眼树矮化的新思维和新技法付诸实施。然而,他这些新理念、新技术始终落不到实处。

由于之前的建造凤凰园的忙碌和后来的腿伤,八叔很长时间没能到果园现场去亲自督导。果园的老工人们脑海里的那些传统种植管理方式根深蒂固,对八叔的新法理解不了,依旧习惯性地按照他们传统且固有的熟知方法去做,这让八叔心中积聚了不少焦虑和急切之情。三个月的休养,腿伤的疼痛感略微减轻,八叔再也按捺不住内心的焦虑与迫切,不顾医嘱,毅然踏上前往果园的征途。几十里的车程后,他被搀扶着下车,借助轮椅深入果园腹地。

果园里,老工人们正按照旧习忙碌着,抬头望见八叔蹒跚而来

的身影,先是一愣,随即满怀惊喜。只见八叔从轮椅上拼尽全力站起来,挂着拐杖,每走一步都显得异常艰难,但那份坚毅与勇气却感染了在场的每一个人。

"大家停一停,听我说!"八叔站在果园中央,用拐杖轻轻地敲打着树干,他开始详细阐述矮化的好处,是达到高产的关键一

着，矮化后疏枝的做法，以及矮化后如何加强田间管理，加快枝脉生长，实现矮化后快速结果。每一个细节都分析得头头是道。八叔指点着上扬的主干以及徒长枝、内膛枝、腋枝、交叉枝，坚定地说："要大胆地把主干裁低，把这些无用的枝干弃掉，不要怜惜，这样枝托才分布得均匀而有层次，通风透气，阳光雨露均沾，少惹病虫害，树才长得健康矮壮，才能高产且果实厚肉甘甜……"老工人们有的半信半疑，有的则直接摇头表示不解，好端端的树干和枝条被拦腰截断，他们对这些新方法感到不可思议。

然而，八叔不由分说，引领着工人们进行矮化果树的操作。在这一刻，老工人传统的观念与八叔的创新精神形成了强烈的碰撞。老工人们围绕着八叔，他们的表情从最初的怀疑逐渐转变为认真的听讲，终于学会了怎样算这笔账：果树矮化及其枝托整理后，果树生长更健康，结果更丰硕，采摘更方便、更安全。一位老工人轻声说道："八叔，我们听明白了，一定听您的！"工人们开始尝试着按照八叔的新方法去操作。

经过对果树数月的修剪，原来树身高耸、枝条犬牙交错、树冠杂乱无章的树形，彻底变了个样！阳光普照在矮化后的果园，树冠规整矮壮，树条层次分明，行间整齐有序，阳光均匀地落洒在疏密有致的树冠上，使人顿觉豁然开朗，预示着这将是一个充满希望的丰收年！

随着时间的推移，果树的生态发生了显著的变化。那些曾经高耸入云、采摘困难的龙眼树被修剪后变得低矮而茂盛，果实也更加饱满诱人。八叔的颠覆性技法不仅提高了产量，更降低了成本，保障了工人的安全。果园将在科学管理与技术创新下焕发出勃勃生机,这承载着工人们辛勤的汗水与八叔智慧的结晶,他们共同编织着一幅幅硕果累累的美丽画卷。

在那些日子里,每当夜幕降临,八叔才会疲惫地离开果园。他的身影在夕阳的余晖中显得格外坚强和高大,尽管腿伤给他带来了痛苦,但他对丰收的渴望和果园的热爱让他克服了伤痛的折磨。在八叔的带领下,果园不仅迎来了新的生机,也为大家树立了一个不屈不挠、勇于创新的榜样。

在祖祖辈辈的龙眼人心中,"听天吃饭"是天经地义的。八叔认为要改变"靠天吃饭"的被动局面,关键在于科学研究和精细化

管理。一年四季要根据不同的节令、气候的变化采取不同的做法。

2024年,是天气异常反常的一年,春季夏季连续遭遇严重的"倒春寒"和将近两个月的强降雨,对果树开花挂果造成致命的影响,果农们无不忧心忡忡。八叔对气候变化有充分的心理准备和应对方法。

八叔对倒春寒做好提前预防,在龙眼谢花期或第一次生理落果

期，提前喷施调节剂，以增强果实的抗逆性。并及时喷施功能性叶面肥，提高植株光合作用和营养供应，提高龙眼花穗的抵抗力。施好花前肥，增强树体抵抗力。加强根系淋水，及时摘除或用药剂杀死带小叶的花穗上的小叶，以减少养分消耗和提高花穗质量。

倒春寒时，通常会产生多种不利情况，导致龙眼的花质较弱，花器发育不良，影响授粉授精过程，进而影响果实的正常发育。由于花质和花器的受损，即使授粉成功，也可能在果实发育初期出现大量的生理落果。倒春寒后，随着气温的回升，加剧病虫害的发生。八叔的果树矮化后大大降低了被严寒天气的伤害，八叔还随时留意天气的走势，及时采取应对措施。天气转好后，喷施高钾叶面肥等，促进花器发育和授粉受精过程。在倒春寒后，根据病虫害易发的情况及时喷药防控。

遇久雨不停的天气，八叔及时布置排水防涝：保持土壤透气性。在暴雨来临前，喷施防裂果素或旱地灵等保护剂，防止裂果和落果。暴雨后注意防治炭疽病等病虫害，及时喷施对口农药。

2024年2月20日，原茂名市水果局邓局长、茂名市水果研究所曾所长、茂名市水果协会纪会长风闻八叔龙眼新技法，结伴前来视察。对八叔果树矮化和应对天气异常的精细化操作大加赞赏！看见大枝条回缩果树矮化，以前不能开花的阴枝、霸王枝如今花开枝头。虽然经历严重的倒春寒，八叔果园的龙眼树棵棵繁花似锦。一众无比佩服，一直主张间伐的专家感叹"以前读的书都无用了"，纪会长满怀期待地说："在八叔这里，人定胜天不是神话！八叔今年的龙眼都多得没有地方堆了！"

确实是这样。八叔全新的龙眼种植技法可确保年年丰收，创造了没有大小年之分的神话。2024年广东因天气出现严重的倒春寒和漫长雨天，龙眼大面积歉收，是高州市在大规模种植荔枝、龙眼以来收成最差的一年，八叔的龙眼却有所增产。由于面上大幅减产，八叔的龙眼比往年卖得好价钱，实现利润的大幅增长。

"八叔的龙眼丰收了！"

2024年7月18日，一则摘果的招聘启事随着八叔龙眼丰收的喜讯吸引了乡亲们好奇的目光：今年荔枝、龙眼是历年来最差的一年，为什么八叔龙眼摘果的用工却比去年大幅增加？

清晨，一千多名民工便涌入各个果园，他们头戴草帽，有的戴上手套，爱美的姑娘套上防晒的冰袖。个个手持竹篮，拿着剪刀，开始了忙碌而有序的采摘工作。村民老黄有着三十年采摘龙眼的经历，看到八叔矮化后的龙眼树十分兴奋，大声地说："现在摘果不用爬梯，不用上树，舒服多了，安全多了，也快多了！"只见他们有的轻轻踮起脚尖就轻松拉下高处沉甸甸的枝头，有的拿起钩杆把顶部成串的龙眼轻易地拉到跟前，有的站立着伸平双手就可采摘到果实。随着他们熟练灵巧的动作，一串串金黄的龙眼被轻轻放入篮中，很快便被装满运走。

分拣区，工人将采摘下来的龙眼进行分级、剪叶、去梗、包装，每一道工序都一丝不苟，尽管天气炎热，但大家的脸上都洋溢着喜悦的笑容。

八叔的龙眼丰收给大家带来了实实在在的利益，他们每天都能获得几百元的收入，这对于许多家庭来说，无疑是一笔不小的经济来源。在这个经济低迷时期，就业不易，这份收入让他们感受到了生活的温暖。

第五章 果园之春

随着龙眼的热销，八叔的果园也成了当地经济的一大亮点。分布在大井、镇江、荷塘、石板等镇的他那十一个龙眼果场，不仅吸引了众多游客前来观光采摘，也成为不少人的送礼首选。这拉动了市场的消费，也带动了如电商、包装、运输、快递等相关产业的发展。

颠覆性的技术革新带来丰厚的"技术红利"。八叔说2024年的龙眼收入是过去三年的总和！八叔这样简单地算了一笔新旧对比账：过去最高产量是300万斤，现在产量达600万斤。以前收成300万斤中200万斤是成本，只有100万斤是利润。但今年收成600万斤，成本依然相差不大，将近400万斤是纯赚的，总收入算起来是过去的3倍。

从病床到果园的思路，已是豁然开朗。这是创新之路、丰收之路！此间不仅是身体的康复之旅，更是创新与丰收的双重奏。八叔轻抚伤愈之足，嘴角勾勒出一抹深邃笑意，心中感悟着"塞翁失马，焉知非福"的哲理，既是对过往云烟的洒脱释怀，亦是对未来无限风光的热切憧憬。

技术革新如春雨润物，不仅催生了果园的丰饶景象，更激发了八叔内心无限的创新火花。每一步跨越，都是对极限的挑战，对未知的勇敢探索；这条路，铺满了不屈的意志与智慧的火花，它不仅是创新的征途，更是心灵与智慧共舞的丰收大道。八叔坚信，梦想引领脚步，未来果园将是一年复一年的春华秋实。

第六章

八叔精神

在八叔那波澜壮阔的传奇篇章中，我们邂逅了一位集传统美德和时代精神于一身的典范，其人格魅力让人心生敬仰，引人深思。

天下之才，寸有所长，尺有所短。立大事者，必有超人之处。然而，八叔之所以被尊为超人般的存在，并非仅因某一领域的卓越成就，而是因为他在各个方面都展现出了非凡的才华与完美的人格。他是一个很全面的人，他为人处世的品格和形象是那么立体和丰满。

八叔在创业征途上，展现出铁一般的坚韧意志，但他待人又拥有如水一般的柔情。

八叔热爱学习，对有字之书如饥似渴，从中汲取智慧之泉；却从不拘泥于书本，不人云亦云，善于独立思考，洞察无字之书的真谛。

八叔生性倔强，对既定之事坚定不移；但又能从善如流，执着而不固执。

八叔办事谋划周详，行事谨慎；却在关键时刻果敢决断，化繁为简，雷厉风行。

八叔处事举重若轻，总是事事立足当下，亲力亲为，确保每个细节尽善尽美；但他的视野独具前瞻性，总是放眼全局，把握时代大趋势。

八叔为人憨厚，诚实守信，坚持原则；但遇事机智聪颖，善于变通。

八叔秉持节俭之道，省吃俭用，珍惜资源，修旧利废；但对于关乎大局的重要事项，舍得砸大本钱。

八叔深谙商道，追求效益最大化；但又无私传授经验，积极引领农民走向共同富裕之路。

八叔经营他的事业是那样的专注，但在生活中又创作盆景、练习书法，充满了情趣与活力，无论是拉二胡唱K、冬泳健身，还是莳花弄草、浏览网络、游历风景，他都能够以饱满的热情和专注投入其中。这种对生活的热爱和追求，让他的人生更加丰富多彩。这份对生活的深切热爱与不懈追求，如同绚烂的色彩，为八叔的人生画卷添上了最动人的笔触，使其生命之旅变得异常丰富多彩，充满了无限可能与精彩瞬间。

我们还是听一听八叔自己怎么说的吧。八叔把自己的创业与为人处世说得很简要，就是"勤、俭、实"三个字。还表示这是自己终身践行的核心理念，而且将此沉淀为公司的企业文化，培植为杨氏家族的家风。

"勤、俭、实"这三个字，虽简短却蕴含了丰富的内涵。勤，代表着不懈的努力和持续的奋斗，是八叔在创业路上不断前行的动力源泉；俭，则通过他的朴素与节俭，体现厚德载物、以俭养德的价值观，以及对资源的珍惜与合理利用；实，则是一切从实际出发，求真务实，坚持创新与开拓，为人的真诚与从商的守信，对待工作的严谨与务实。

勤、俭、实，是八叔精神的主要特征和基本内涵，是他创业的成功之道，更是八叔的企业薪火相传的精神财富！

八叔的故事不仅是一段关于个人奋斗和成功的传奇，更是一曲关于传统美德和时代精神的赞歌，鲜明地勾勒出了中国当代农民在改革开放春风沐浴下，焕然一新的精神风貌。

　　当前中国正在推进中国式现代化，广东正在实施"百县千镇万村高质量发展工程"。其中一个重点，就是探索乡村振兴、实现共同富裕的道路。八叔用自己的行动诠释了"勤、俭、实"这三个字的深刻内涵，成为乡村振兴，带动农民共同致富的典型，是值得我们学习和敬仰的典范。

第六章 八叔精神

第一节 八叔的"勤"

八叔说,勤劳是自己的家风。

八叔的爷爷那个年代,尽管家境一度还算殷实,但八叔的爷爷却被乡亲们称为"狗屎太公"。在勤劳的耕作之余,太公还会去捡牛粪、狗粪下田。这个名字虽然有点粗俗,却是乡亲们对勤劳的太公的尊称。

清晨,天还没透亮,太公就已经挑着粪箕开始拾粪。在蜿蜒幽暗的乡村小路上,他的身影虽显孤寂,却洋溢着一种难以言喻的专注与坚定。他觉得,这些看似微不足道的肥料,对于土地、对于家庭,都是同样的重要。

太公拾粪体现出常人少有的耐心和技巧,透露出一种对农事的认真。尽管家中儿女们都力劝太公不用那么操劳,但太公依然坚持着这份看似卑微的劳作。无论是寒风凛冽的清晨,还是烈日炙烤的午后,他都不畏艰辛地蹒跚而行。

有一次,太公不慎踏入了那条杂草丛生、泥泞不堪的小径,脚下一滑,身体瞬间失去了平衡,重重地摔倒在地,膝盖处传来阵阵剧痛。他痛苦地皱紧了眉头,身体不由自主地蜷缩成一团,在这荒凉之地久久未能起身。家里人焦急地四处寻找太公。终在偏僻的田基小路上，找到一瘸一拐步履沉重的太公。却不料此时的太公正为拾粪满载而归，而高兴得像小孩一样哼着小调呢。

爷爷不辞辛劳、日夜耕耘的身影，深深烙印在小幸注幼小的心灵里，悄然在他心中种下了一颗勤劳的种子。随着时间的推移，这颗种子逐渐生根发芽，茁壮成长，最终成了他日后在创业道路上坚持不懈、勇往直前的重要精神支柱。

江坤，八叔的母亲，则是一个典型的中国农村劳动妇女。她的一生，默默无闻却又是大家庭中不可或缺的一员。在那个物质匮乏的年代，她以坚韧不拔的精神和深沉无尽的爱，独自承担起全部家务事，农忙时她还操劳农活。她的身影总是在灶头和地头忙碌。从烹饪到清洁，从喂鸡到养牲口，从缝补到照顾孩子，她都以一己之力，全面而周到地承担起家庭所有的重担。她忙起来不分昼夜，闲下来总想着找点事做。母亲被小幸注心疼地抚摸着的手，是那样粗糙而有力，这是岁月和劳作的见证。

在晨曦初破的寒冬中，睡在温暖的被窝里的小幸注，看到母亲轻手轻脚地起床，生怕惊扰了还在梦乡中的家人。窗外，母亲的身影在晃动，鸡鸣与远处的鸟鸣交织成一首乡村的晨曲，成为小幸注永久的记忆。在小幸注心中最为温馨的是，一家人围坐在餐桌前，分享着妈妈妙手烹调的简单菜肴，母亲夹着一块红薯饼放在小幸注碗中，喃喃地说："娃啊，多吃点，长身体呢。"小幸注感受得到母亲的话语虽简单质朴，却饱含深情。当夜幕低垂，万籁俱寂之时，母亲并未闲暇休憩。她轻手轻脚地穿梭于家的每一个角落，用那双充满关怀的眼睛细细审视，确保每一处都井然有序，安然无恙。然后，她便坐在昏黄的灯光下，开始缝补衣物或编织毛线衣，为家人添点过冬的衣物。她的手指在针线间穿梭，如同在编织一个关于爱与责任的梦。

当小幸注偶尔被生活的重担压得沉默寡言时，她总是默默坐在一旁，用那慈爱的眼神看着他，轻声说："日子嘛，总有难的时候，勤快点、忍耐点就熬过去了。"这句话，让八叔铭记终生，每每遇到困难，仿佛就听见母亲的此类话语。

母亲话不多，但她的行动和生活态度却是对晚辈最好的榜样。她常常告诫儿女，懒惰等不良习惯会耽误一个人的一生，甚至影响整个家族的未来。太公则常常称赞江坤，庆幸杨家有"一代好媳妇，三代好儿孙"。

母亲勤劳的劳动妇女形象，深深铭刻在小幸注的灵魂中！她没有给晚辈留下什么物质财富，但勤为至宝的精神财富却让晚辈一生用之不竭！勤劳这种家族"精神基因"，持续地浸润着八叔的人生。

最能体现八叔勤奋的是他几十年不变的作息习惯：

夜幕降临，当八点钟声敲响，大多数人仍沉浸于世俗的喧嚣，八叔却已渐入梦乡，他的早睡，不是贪图安逸，而是为了迎接第二天的早起，为翌日的奋斗蓄满能量。

凌晨四时许，天边刚刚泛起一抹淡淡的鱼肚白，八叔已悄然起身，开始了新的一天。在静谧的房间内，一盏柔和的台灯静静地散发着温暖的光芒，仿佛是守护着夜晚的卫士。灯光压得低低的，为四周的宁静更添了一抹安详。在这温馨的光晕中，八叔的身影被温柔地勾勒出来，他坐在床边，全神贯注地沉浸在书页间的世界里。

自从互联网兴起，在网络上查看近几日的天气预报，搜索一下与当前工作相关的信息，成为他每日早起的规定性动作，也是他触摸外部世界、为农事未雨绸缪的一种便捷方式。接着，他便开始做起床后的第一套拉伸动作，而后是俯卧撑运动。他的动作连贯而有力，不知不觉间八叔的衣衫已被汗水浸透。早餐，简单而营养均衡，小米粥的温润、蔬菜的清新、全麦面包的醇厚、鸡蛋的圆满，编织成一道健康生活的简谱。

早餐后，八叔细心地整理好行装，水壶装满清水，毛巾折叠得整整齐齐，还特意挑选了两个新鲜可口的苹果放入包中，驱车前往他用汗水浇灌梦想的地方。无论是在田间、鸡场、果园、园林、盆景园，还是在办公场所，他的工作与劳动总是那么投入。这是他日复一日的坚持。

上午的时光，在高效与专注中匆匆流逝，十一点多八叔会返回家中。午饭后小憩一会儿，接着开始一天中的第二次健身。热身、俯卧撑、举哑铃、深呼吸，每一个动作都透露着他对健康生活的执着与追求。他深知，唯有身心皆健，方有奋斗的本钱。八叔女儿梅芝是这样说的："父亲每天做的就是工作与锻炼身体两件事。"

午后至傍晚，又是另一段充实的安排，八叔的身影在工场和办公室往返穿梭，他的时间被精确划分，精心编织着每一秒的充实与秩序。他的日程被细致入微地规划，每一分钟都如同精密齿轮般咬合紧密，既高效又和谐。他与笔者这样说："每天清晨四点起床，如果五点起床时间就不够用了。"

夜幕降临，八叔习惯性缓缓地进行深呼吸锻炼。这是他坚持多年的一种养生方式，对脏腑是一种有效的调理。这样才能让他在忙碌一天后，内心回归一片宁静，安然入睡。

八叔就像是一部精确的时钟，日常作息从未曾偏离既定的轨迹。几十年来，八叔每天的生活与工作内容虽有不同，但作息的生物钟依旧不变。八叔用他数十年如一日的规律性作息，展示了他勤劳与自律的坚韧。

八叔总是说："早起三朝当一日，早起三年当一春。"在他看来，生命的长度，不是以年月而是以每一天、每一个小时来计算的，是以时间的利用效率来衡量的。八叔的勤奋不仅仅体现在工作上，更体现在他对生活的态度上。他总是这样用每分每秒、以勤劳来延展自己生命的实际长度。

八叔的孙子彦韬负责蛋鸡场的管理工作，他深有感触地说："从小爷爷给我的感觉就是非常勤奋、节俭的人，一般都是每晚八点多就睡觉，凌晨三四点就开始起床锻炼和工作，有时候他思考问题，整晚都睡不着。他始终都是对工作非常热忱，能一直坚持对工作的热爱，在我心目中他是无人能及的，我觉得他对工作的态度这一点就是他最大的成功，十年甚至几十年如一日地坚持去做一件事，当今社会非常难得的一种好品质。还有一点是爷爷对身体管理方面也做得很好，作为他的家人，我觉得爷爷最重要的是身体健康和心情愉悦。"

公司员工杨姨说："八叔管理着养殖、种植、园林三大企业，身边却没有秘书，体现了他的勤奋与超强的综合能力。很多事情都是亲力亲为。"

八叔的勤劳虽非成功的必然保证，但它却是驶向成功彼岸不可或缺的船桨。唯有以勤劳为桨，方能破浪前行。八叔的岁月，是一部活生生的奋斗史诗。他如陀螺般未曾停歇。八叔从少年到中年，经历了漫长的人生的低谷，自己也说不清干过多少种活，只有一点不变，就是活儿从不停手。七岁开始帮人家放牛，八岁时一边读书一边随母亲干农活，上山砍柴。十四岁辍学就开始学木工、做泥水、养禽畜、做小贩、种植水果。直到1984年，种橙子攀上财富的第一个小高峰，成为当地第一代万元户。

在种橙那段艰苦的岁月里，八叔夫妻俩夜以继日地打拼，凌晨四五点钟就去果园。小女儿出生不久，八叔母亲去世。没有人帮忙照料孩子，只好把女儿从两三岁起就独自锁在家里。他知道，果园里的橙子树要深耕细作，而大自然的变幻莫测和市场的无情竞争不会留给他太多的时间，让女儿在家里独处实在是无奈之举。为了女儿的安全，八婶腾出家中一间房，并把其中的电线、火炉之类不安全的物品清理掉，矮桌上摆着稀粥和红薯。临走前，八婶抱着的小女儿，眼神中满是不舍与担忧。八叔蹲下身，轻轻抚摸女儿稚嫩的脸颊，眼中闪过一丝无奈与愧疚："梅芝很乖，勇敢点。在家里自己玩，爸妈很快就回来的……"话没有说完，却已哽咽。八叔女儿梅芝回忆道：在漫长的一天中，自己独自一人待在家中。坐在小板凳上，手里拿着一个母亲缝制的破旧布娃娃，幼小的心灵充满了孤寂与不安，时常站在门前，眼眸中闪烁着期盼的光芒，一次又一次地望向门外，心中满是对父母归来的渴望与幻想。然而，每一次凝视的尽头，迎来的却总是寂静与空落。禁不住小声抽泣起来："妈妈……爸爸……你们什么时候回来呀？我害怕……"哭呀哭呀，就睡着了……

八叔后来说，那时为了改变生活选择打拼，就算是平凡的奋斗也要作出牺牲，想起来都心酸，觉得对不起妻子与年幼的女儿。

在龙眼果园里，八叔的身影更是勤劳的化身。无论是风和日丽的春日，还是硕果累累的夏日；无论是金风玉露的秋日，还是寒风凛冽的冬日，甚至春节的团圆时光；他总是坚守在那里，细心照料着每一片果林。他与一般的园主不同，他不仅是管理者、技术总监，而且是操作工。

凤凰园山脊上种了一批博兰盆景坯材，需每个星期淋一次水肥。负责种植的小余说："八叔腿未受伤时，都是他亲自挑粪水施肥。看到七十多岁的老人家我于心不忍，但八叔总是说粪水太臭，怕你们年轻人不习惯。"2021年盛夏，台风带来的暴雨将凤凰园工地淹没，八叔亲自蹚着深深的积水摸索着排水口。八叔就是这样，凡事亲力亲为。

八叔亲自蹚着深深的积水摸索着排水口

八叔做孵化鸡苗的生意，创造了一只母鸡同时孵出200只小鸡的奇迹，靠的是勤劳。不管白天还是黑夜，他都会准时出现在那些种蛋旁。他的动作轻柔而有节奏，一遍又一遍地翻动着每一颗珍贵的种蛋，确保它们都能均匀地享受到温暖。他的双手，仿佛是传递生命温暖的媒介，用自己的体温延续着母鸡的母爱，为这些未来的小生命提供了一个温暖的摇篮。这样坚持20多天，200多只小鸡才呱呱坠地。

有人说勤奋奔劳是因为穷。八叔说，这话不完全对。八叔作为中美合资蛋鸡场的董事长的那些年头，已有上千万元的身家，还坚持吃住在鸡舍，凌晨四五点钟起床铲鸡粪，喂饲料。这样的劳作方式持续了十多年。八叔的儿子杨伟胜说："父亲就是勤奋，凡事亲力亲为，做好每一个细节。"

八叔的勤劳，有自己独特的轨迹和方式。用他自己的话说，就是任何时候都停不下手。

年少时勤奋，老年时勤奋；做帮工时勤奋，做老板时勤奋；一穷二白时勤奋，成为富家翁时勤奋。八叔用他数十年如一日的坚持，向我们展示了勤劳与自律的力量。对此，八叔的孙子殷滔说："他看到一个短视频这样说——'关键在于你是不是一个长期主义的胜利者。流水不急先，争的是滔滔不绝。真正的高手都是长期主义者。伟大是熬出来的，需要时间的沉淀和积累。'"殷滔认为这正是八叔勤奋的独特轨迹和方式的生动写照。

八叔是如何做到始终如一的勤奋，大家常听到他有几句挂在嘴边的常用语。

第一句常用语是：要有超强的自制力。

八叔深知，惰性是人的天生的弱点，安逸的生活总是能够让人失去继续向前的斗志和严格要求自己的动力。因而，八叔自觉展现出了非凡的自律与坚韧，他一次又一次地运用内心的力量，将试图侵袭的惰性坚决地抵挡在门外，不让其有丝毫可乘之机。

冬日清晨，当众人贪恋被窝温暖时，作为青壮年的八叔已投身鉴江寒流，以瘦弱之躯对抗刺骨冰水，冬泳中每一下划水都是对自我的严苛考验。

在蛋鸡疫苗研发的过程中，八叔屡遭挫败，面对技术瓶颈，众人劝退，唯他凭借不懈的努力与坚定的信念，日复一日反复琢磨，不断试错，调整不止，终破难关，研制出适配自家鸡群的疫苗。这正是对"超强自制力铸就坚持，直至成功"的最佳诠释。

八叔冬泳前做准备运动

而到了晚年，即使岁月在他的身上留下了痕迹，他依然坚持每天举哑铃俯卧撑的高强度锻炼。即使在2022年的冬天，他不慎摔倒骨折，躺在病床上的他，依然坚持每天举两次哑铃。早早就拄着拐杖强忍着刺骨的伤痛从事步行恢复性训练，每走的一步都是与命运在抗争。

在八叔身边的年轻助手小钟，常常被八叔的勤奋所感动，他曾经问八叔："您为何每天都停不下来呢？"八叔总是微笑着回答："小钟啊，我靠的是一种自律，才能克服惰性，从而就习惯成自然了。"小钟默默地点头，想着也要像八叔一样，积极努力的人生才更有意义。

第二句常用语是：不找借口。

八叔说："勤奋、坚持的理由只有一条，懒惰、消极无为的借口却有千千万。借口是对懒惰的慰藉，是勤劳的绊脚石。"对他来说，无论是外界的狂风骤雨，还是内心深处甘于安逸的本能，都像是旅途中的狡狯者，时刻诱惑他停下脚步，轻声细语地在他耳边低语，企图让他心生惰意，成为他放弃前行的温柔陷阱。

蛋鸡养殖路上，禽流感肆虐，饲料价格飙升，疫情接连冲击，资金链紧绷……每一个难关前，都扔给你退缩的借口，但八叔从未言弃。尤其当创业有成，财富盈门，晚年安享，儿孙绕膝，这些看似美好的时刻，更可能成为懈怠的理由。然而八叔却瞄定新的目标，步履不停。

2022年冬，新冠疫情再袭，人员进出受限，员工需居家隔离。家人劝八叔也该歇歇了。八叔的心中却似有一团不灭的火焰，凤凰园问世不久，一切都不容怠慢。他迅速收拾行囊，赶在禁行前携泡面入驻凤凰园，成为坚守岗位的孤勇者。

新春佳节，万家灯火团圆时，八叔依旧与龙眼果树为伴，调控花期，只因他深知，农时不等人，任何借口都会导致一年的辛劳付诸东流。

八叔的勤奋，是对"不找借口"最坚定的践行。在他的世界里，勤奋是常态，借口是奢侈品，而这份"不找借口"的坚持，已成为他人生最宝贵的座右铭。

第三句常用语是：今天能做的事绝不拖到明天。

八叔素来的习惯是当天能做的事绝不拖到明天，急事当天干，好事也要赶紧做。他坚信，一步快，步步快，唯有把握当下，持续不懈地努力，方能在人生的赛道上越跑越快，越行越远。

八叔的这种雷厉风行,不仅铸就了他在商界的辉煌成就,而且激励着周围每一个人。凤凰园办公室八叔的孙媳妇小宁便深有体会,她笑言,要打醒精神才能跟得上爷爷的节奏。记得那次为响应游客要求增设小卖部的任务,正当大家还在细细规划、预算考量之时,爷爷已迅速行动,一夜之间,三个集装箱改装的小卖部便赫然出现在众人眼前,其效率之高,令人叹为观止,也让年轻一辈深受启迪。

公司老员工老陈在总结会上的一番话更是道出了真谛:"人群中,有十分之一的人能做到今日事,今日毕,十分之一的人未雨绸缪,将明日之事提前完成,而大多数人却总爱将今日之事推至明日的明日。这便是为何成功者寥寥,为何八叔能够创业成功的原因所在。"八叔那句"今天能做的事绝不拖到明天做",不仅镌刻在他自己心中,更成为团队共同的座右铭,激励着每一个人珍惜当下,勇于行动,追求卓越。

八叔的孙女小妍在国外攻读金融专业,学成后回到凤凰园主管财务。她深有感触地说:"在学校时,老师教导我做事的程序要规范,务必将方案制定得周密完善后再去实施。但这样一来,我往往会有诸多顾虑,变得瞻前顾后,患得患失。而爷爷的行事作风截然不同,他总是果断决策,雷厉风行,大胆探索。如果发现错了就立刻改正,对了则能赢得宝贵的效率。通过对比,我和爷爷之间的差距一目了然,这也让我在反思中获得了成长。"

第四句常用语是:尽量少应酬。

八叔在创业成功后,其卓越成就如同磁石般吸引了众多来访者需要接待。面对这份突如其来的繁忙，八叔展现出了非凡的理性与简约。他自定规矩：热情欢迎每一位访客，但一般不将时间消耗在礼仪的应酬上。工作尤为繁忙之际，他甚至放心将接待任务交由公司其他管理人员处理，即便是面对高层领导的视察，亦是如此，展现了他对时间管理与个人精力高效运用的独特方式。

八叔的这种接待方式，初看之下，或许让一些人感到不解，甚至产生误会。有人认为他傲慢，但也有人赞他不趋炎附势。面对外界的纷纷扰扰，八叔始终保持着一份超然物外的淡然，他深知，每个人的理解角度不同，无需过于计较他人的评说。有一次，一位声名显赫的企业家对八叔的接待方式表达了不满，直言"从未见过如此冷淡之人"。八叔听后，只是淡淡一笑道："若他能知道我对待每个人都以同样的相处方式，便不会有所责怪了。而那些过于计较形式的人，或许并非能与之深交。"

其实，八叔的"尽量少应酬"并非对社交活动的漠视，而是对自己事业的一份专注和执着。崇尚勤奋的八叔深知，每个人的时间总量都是固定的常数，减少不必要的应酬，自己可自主掌握的时间就会积少成多，才能将宝贵的时间和精力投入到更有价值或个人兴趣爱好的事情当中。积极的社交不在于数量，而在于质量，一次有意义的深度交流，远胜过无数次浅尝辄止的寒暄。

在日常的谈话中，八叔也总是言简意赅，一语中的，没有多余的修饰与寒暄。八叔公司的小秋说："八叔说话大多只有名词和动词，很少形容词的堆砌。说话点到即止。"熟悉八叔的人都感觉到，八叔与你通电话，能敏捷地获知你的语意，他总是平缓地说清事情，当你正要客套地说一句结束语时，那边电话已悄然挂线。

简约平实、干脆利落烙印在他的工作与生活上，是他性格的鲜明特征。

第五句常用语是：学习之母是学习。

八叔创业干一行，专一行，成功一行。有人说这是他的天赋，甚至说八叔是无师自通的高人。

八叔却不认可这种说法。他说自己创业成功，离不开勤奋，包括勤奋学习，学习、学习、再学习。八叔的常用语是"学习之母是学习"。不断提高学习能力，养成正确的思维方式和有效的方法论。他认为不照搬别人的经验，敢于挑战权威，不是漠视前人的经验，不是不尊重权威，而是要吃透前人的经验和权威的专业知识，在传承中创新。就需要学习。

八叔因家境贫寒读到初中一年级就辍学了。但读书成为八叔几十年的习惯。常年订阅各种文学、思想修养方面以及农牧业的专业方面的杂志。出差或旅游所到之处，书店是必去的地方。后来借助互联网的便捷途径了解外面世界，学习新知识。八叔养蛋鸡走访全国各地的养殖企业，到大专院校科研院所学习交流，结合自己的业务实际融会贯通，也结交不少良师益友。

公司财务小杨说，八叔专注农业几十年，农业几乎是不涉税的。现在跨界做旅游，是要纳税的行业。他本来不了解这类税收的相关政策，但是决定从事旅游业之后，就开始专门研究旅游业财税的相关政策法规。

八叔设计建造凤凰园，不是凭空想象的。他游历了很多国内外的园林景点。凤凰园之字形环山路的设计受到美国旧金山陡街公路十八弯的启发，层级瀑布也是联想国内德天等瀑布而设计。

八叔为建造凤凰园，考察了国内外不少著名景区。导游周小姐说，她从来没有遇到这么有心的游客。八叔在旅游时比较喜欢留意新鲜的事物，每到一个新景区的时候，细致地去观察每一个景点，每一个角落。也会和旁人交谈对景点的看法，看得出八叔有很多自己的想法。

比如在西北某大湖游船的时候，到一个孤岛自由活动，八叔在欣赏湖光山色的浩渺和宁静时，也指出在孤岛上有好多安全设施有漏洞、讲解不到位，游览指引不明晰等问题。他居然留意到这些当地景区管理部门都没有注意到的细节。大家说他不仅是一位用心的游客，也是一位专业的旅行家。

八叔说，求实唯实，传承创新，都是通过学习和实践得来的，这是一个学中干、干中学的过程。

当下不少人说勤劳已经过时了，尤其有人说："当老板的亲自去干活是一个坏毛病。因为一个人靠自己干活是不可能赚到大钱的。老板要把时间聚焦在思考和决策。"也有人说八叔是自找苦吃，"大老板还干打工仔的活，不值当"。

八叔对这种说法只是一笑置之，认为不同的角度会看到不一样的东西。并不是所有老板都是这样看，更不能一概而论地认为老板亲自去干活就是"坏毛病"。很多成功人士都是从基础做起，通过不断努力和积累才取得今天的成就。老板亲力亲为，不仅是在锻炼自己的技能和领导力，而且，与工人一起干活还能更好地了解员工的心态和需求，有利于增强团队的凝聚力和向心力。而且做到了以身作则，为员工树立榜样，才会赢得员工的尊重和信任。老板在亲自参与工作的过程中更深切了解公司的运营情况,发现问题,找到了降低成本、提高效率的方法,从而实现盈利。八叔对"大老板干打工仔的活不值当"的说法表示理解,但八叔说每一个人的习惯、对人生的体验和要求不同。我是在劳动中获得快活,只有干起来内心才觉得安稳。

确实是这样,八叔的这种坚持不懈的做事方式,也影响了周围的每一个人。他带领的团队养成了勤勉敬业、雷厉风行的作风。在八叔的带领下,蛋鸡场成为行业龙头,果园年年丰收。凤凰园不仅成了一个美丽的旅游胜地,还在竞争激烈的旅游市场中脱颖而出。

八叔深信"以汗水为墨,书写梦想篇章;天道酬勤,因果轮回自有章法"的哲理。这份信念如同明灯,照亮了他前行的道路,也给予了他无尽的慰藉与力量。

第二节

八叔的"俭"

1998年盛夏,一辆装运桉油的老解放牌大货车颠簸行驶在沪杭省道上。坐在副驾驶位置的八叔,眼神不时地掠过窗外,对沿途的风景流露出几分好奇。然而,那份难以掩饰的倦意,却悄悄爬上了他的脸庞。柏油路被骄阳烤得几乎融化,一股刺鼻的沥青味扑面而来。八叔不停地擦拭着满头的汗水。

八叔这趟行程是到上海市农科院采购优质鸡种,正巧遇一大货车开往上海,八叔便放弃坐火车乘飞机的念头,搭上了这辆最高时速才60公里的老解放牌货车,开始这趟近3000公里的长途跋涉。这辆车两天前一路从粤西高州出发,现仍在路上。同样有点疲惫的青年司机瞥了一眼八叔有点狼狈的样子,不解地问:"八叔,您都已经是几百万元身家的老板了,何苦省这点钱、受这趟苦呢?"八叔满不在乎地回答:"省下的钱可买下上千只鸡苗了,有什么不好呢!"

到了上海,八叔还是能省则省。他没有入住豪华的大宾馆,而是住在一间简陋的小旅社,十几人睡一通铺。在上海逗留的两天时光里,八叔最为奢侈的一刻,是在上海大世界享用了一顿价值三十元、鲜美的海鲜大餐。而余下的时间里，他则更偏爱流连于街头巷尾的小摊，简单却满足地品尝着一碗热气腾腾的云吞面。

俭朴，是八叔祖祖辈辈流传下来的家风，不因家道兴衰而改其色。此风世代沿袭，深入骨髓，成为家族不可磨灭之烙印。八叔的姑姑，作为家族中的一员，是传承这种家风的典范。她凭借着优异的成绩考入省城学校读书，她勤工俭学不仅为解决自己的学费和日用，更是对家族传统的一种传承。姑姑的节俭在日常生活中体现得淋漓尽致。她总是能用最简单的方式，将生活中的每一分钱都用到极致。八叔自小就听姑姑说，她炒了菜的油锅都要捞一下饭才舍得洗，熬汤的猪骨头也要反复煮几次。尤为难忘的是，姑姑于餐馆打工之时，非但不嫌弃剩菜残羹，反将其视为珍宝，小心翼翼地打包带回宿舍，一番巧手烹调，又成"佳肴"。姑姑穿衣亦是力求节省，她的衣物多是自己缝制或是改造的旧衣服。她从不追求时髦，只求实用与耐穿。针线穿梭间，旧衣焕发新貌，不求华丽装饰，但求温暖耐用。

姑姑工作后月薪虽微薄，她却总能在每月的收入中挤出一部分钱，寄回家里，以解家人之忧。此等行为，不仅彰显了姑姑对家庭之深情厚谊，而且有对家族俭朴传统之坚守与传承，她成为八叔终身的楷模。

八叔的节俭融入到了日常生活中，奋斗几十年实现了财富自由，节俭依然保持节俭的习惯。他的居所，摒弃了奢侈，以简约而不失温馨的格调营造出家的氛围。餐桌上的粗茶淡饭、简餐陋食，但每一道菜肴都精心搭配，确保营养均衡。当地人都知晓八叔是一个"大老板"，但八叔的穿着比常人还要简朴。

八叔传奇

2022年的一天，某学校组织学生到凤凰园研学游，老师特邀八叔来给同学们讲述他的奋斗故事。在园门外，老师兴奋地向同学们介绍说："我们景仰已久的八叔马上就要到来了。"同学们四处张望，期待目睹一番身着华服、尽显气派的企业家风采。然而，当八叔出现在他们面前时，所有人都愣住了。站在他们面前的是一位再普通不过的农民：留着花白的平头短发，坦坦荡荡地咧嘴就笑，眼睛眯成一条缝，那被时光雕刻过略显黝黑的脸庞，将那整齐的牙齿反衬得格外洁白。他穿着一件洗得泛白的短袖圆领T恤，脚踏一双便鞋，鞋边上沾着泥巴。右手扬起一顶大草帽，在炎炎夏日中扇着凉风，显得精神矍铄。

这位朴素的老人，就是那位在商界赫赫有名的企业家八叔？同学们心中不禁都浮现出这样的疑惑。眼前这位老人的形象，与同学们预想的印象完全不一样。八叔那不加修饰的装扮，仿佛是闹市中平凡的长者，或是与田野间带着炊烟气息的场景自成一体，与周遭的繁华形成了鲜明对比。但那笑容，却如同春日暖阳，温暖而亲切，瞬间拉近了与师生们的距离。他的眼神里，既有岁月的沉淀，也有对生活的热爱与执着，不由自主地让人被吸引。

同学们都竖起耳朵仔细地聆听八叔讲勤俭的往事。八叔对自己节省到了苛刻的程度。1991年，八叔的孵化养鸡事业已经小有成就，他的积蓄已达到一百万多元，算得上是当地有底子的老板。然而，他的生活方式却依旧朴素。那年，八叔和一位同行坐火车去北方采购孵化机。火车上，八叔坐硬座，只吃自带的馒头，喝凉水。他低调地携带着一个看似普通的帆布袋，里面却沉甸甸地装着十多万元的现金。为了确保安全无虞，他用一条不显眼的细绳，将帆布袋巧妙地绑缚在自己身上，整晚不敢入睡，不时地偷偷瞟一眼钱袋子。而他的同行则睡软卧车厢，在餐车上鱼肉菜肴丰盛，饮酒又喝可乐。

旅途中，同行坦言八叔的行为显得太过吝啬。八叔却有一种自己的理念和坚持。积累的财富对于艰苦创业中的八叔而言，不是享受的资本，而是发展事业、创造更多价值的宝贵资源。同时，节俭是八叔根深蒂固的理念，他深知每一分钱都来之不易，尊重财富就是尊重自己的劳动。这种对财富的珍惜体现出一种克己自律的品质，以俭养德，不被物质欲望所左右。八叔的节俭并非单纯为了节省财富，更是对这种美德的坚守。

极富戏剧性的是，八叔近乎吝啬的节俭，反而成了八叔与国外顶尖蛋鸡养殖同行企业一段合作的缘分。当年，美国最大蛋鸡生产商伊势公司的董事长在中国物色合作伙伴，来到八叔的公司。对美国公司来说，八叔不见得是一个最佳的合作人选，但是对于八叔却不同，如能与美国伊势公司合作，将是八叔公司跨越式发展的难得机会。想要达成合作，一定要给人家一个好印象，但是八叔在接待参观考察自己企业的客人时，却请美国伊势公司的总经理和助手就近在路边的大排档里用餐，几个人早餐共花了2元，午餐也就花了70元。

这种接待方式确实让陪同的助手面子上有点接受不了。一路考察走来，别的老板都招呼得很好，在海边住别墅，在豪华餐厅吃龙虾。到了八叔这里，只有70元钱一餐的路边摊，还口口声声说够了。要合作，总要有些诚意。八叔这样的接待方式，按照常理来说，合作肯定是没指望的了。

然而，美国伊势公司总经理的态度却是让人意想不到。美国老板偏偏对他青睐有加，看上他这份质朴与节俭。他望着八叔，眼中闪烁的是赞许的光芒，他心中暗自思量："此人何等实在，他没有用外在的排场来炫耀自己。此人何等节俭，若与他合作，定能省下不少无谓的开销，他不会吃龙虾，将资金浪费在这些浮华的应酬之上，这样的伙伴，令人放心，也不必费心去监理他的账目了。"

八叔这种寒酸的节省和美国伊势总经理的共鸣与赞许极具戏剧性，这种状况甚至让人感觉有点蹊跷，但实际情况就是这样。原来两个人在某些方面的性格惊人地相似。这位美国老板本身也是节俭之道的践行者，据说在美国，他驾驶的座驾竟未配备空调，而相比之下，他的下属却享受着游艇的奢华。仿佛是命运巧妙的安排，两人性格中那份相似的质朴与节俭，如同磁石般相互吸引，让这两个来自不同国度的灵魂在节俭的共鸣中不期而遇，找到了彼此间深刻的共鸣与理解。八叔的说法是："我跟他性格比较相似，这就是合作的缘分。"

与美国伊势公司合作后，八叔公司的资金实力更雄厚了，但八叔依然是精打细算。为了节省开支，八叔从广州某蛋鸡公司那里把闲置的设备，以废铁的价格都买了回来。八叔的这种行为方式，也成为他成功的秘诀之一。他的节俭让他能够在关键时刻投入更多的资源用到事业上，使他的企业在竞争中站稳脚跟，不断发展壮大。在他的带领下，蛋鸡场从一个小规模的家庭企业发展成为行业的佼佼者。

同学们聚精会神地聆听八叔的故事。八叔语言简练，习惯用幅度较大的手势增强表达力。他的每一次笑容，每一个动作，都透露出他的谦逊和朴实。他的话语中没有华丽的辞藻，只有深厚的智慧和丰富的生活体验。学生们开始明白，真正的成功，并非外在的炫耀与张扬，而是内心的充实与成长，是对社会、对家庭的责任与担当。八叔的简朴，不仅是他生活方式的体现，更是他对世界的一种态度：不以物喜，不以己悲，始终保持一颗平常心，坚守自己的信念和价值。

八叔，生活俭朴，讲话也简洁。这位乡间智者，常以他那句"钱挣之不易，花之却如流水"的箴言，点醒着周遭的每一个人。他深知，世间繁华易逝，坐享其成终是梦幻泡影、坐吃山空。在新冠疫情的沉重阴霾笼罩之下，众多企业如同秋风中的落叶，纷纷凋零，而八叔所掌舵的三家企业，却犹如山间细流，虽不显山露水，却以其坚忍不拔的姿态，稳健地穿越逆境，持续向前发展。在他看来，企业的兴衰，家庭的荣枯，皆系于理财之道——该慷慨时慷慨，该吝啬时吝啬，此乃亘古不变的真理。八叔深信，以俭谋事，用最小的投入换取最大的收获，非但可能，且往往能收到意想不到的成效。

时光回溯至2002年的一个春日。八叔偶然得知：一斥资数亿元的蛋鸡养殖场，拟以白菜价抛售其视为无用之物的旧鸡笼。然而八叔慧眼识珠，如获至宝地以最低廉的价格将其买回。当时，八叔带领大家修葺鸡笼，汗水洒落在旧笼上，一番功夫过后，昔日残破的鸡笼，竟然变得既实用又美观，此举不仅为八叔省下了二百余万元，更让那些被遗弃的鸡笼重获新生，物尽其用。

后来的一天夜晚，村中灯火阑珊之时，八叔与友人小聚聊天。友人提及那家贱卖鸡笼的企业破产了。八叔闻言对那陨落大公司连声说："可惜、可惜了。"友人悟道："一个企业的成功不在于它拥有多少资金，而在于它如何使用这些资金。瞧那大公司，讲究排场，尽花那些可花可不花的冤枉钱，终至破产；而八叔，拾人之弃物，虽略显寒酸，但省钱又实用。"听闻此事，众人无不点头赞同。

八叔常说："赚钱艰难，花钱却易如反掌。由俭入奢易，以奢入俭难，坐吃山空并非虚言，而是活生生的现实。"八叔经常提到，很多公司的经营虎头蛇尾，往往是从失去精打细算的能力开始的。在八叔看来，无论是企业还是家庭，理财的原则都是一样的：该花时就花，该省时就省。八叔追求的是用更少的钱办成同样的事情，甚至要办得更好。

据大井镇人大原主席陈祖瑞忆述，广西贺州市一位副市长曾经率团莅临八叔的蛋鸡养殖基地进行考察。一进入八叔简约而不失整洁的办公室，其低调的装修风格与高效实用的空间利用便令副市长眼前一亮。办公室设施简单实用，鸡舍整齐简约，内部环境既简洁又卫生。尽管设施并不豪华，但功能恰到好处，每一个细节都显示出对成本和效率的精心考量。参观结束后，副市长与八叔坐在办公室的旧沙发上交谈。他讲述了贺州的一个蛋鸡场，开业时搞得非常铺张，办公室和卧室装修得非常豪华，但生产需用钱时资金却已经耗费得差不多了。他深深地感慨："在这里一眼就看出了成功的前景。不像有些企业开张之时，就是倒闭之日。"八叔听后微微一笑说："我一直认为，企业的本质是生产和服务，而不是外表的华丽。我们的资金确实是应该用在刀刃上，而不是用来装饰门面。"八叔接着说："做企业有不同的做法，一类赚了一点钱，就想着装下门面，做企业家的希望坐上豪车，标榜自己的成功。做什么场面都要气派，觉得只有这样才能在市场上吃得开。其实只是在拿钱打肿脸充胖子，支撑表面繁荣，是一种肤浅的虚荣，光靠面子在竞争中是经不起考验的，逃不脱被淘汰的结局。我觉得做企业要有敬畏之心，要居安思危，节省每一分钱投放到产品技术，投放到服务客户那里去，这些比表面上的排场对企业的生存更有帮助。"

这位副市长对八叔勤俭务实办企业的理念十分赞赏。他回到贺州后，将这次参观的经历和感悟分享给了当地的企业主们。八叔的蛋鸡场，以其简朴而高效的运营模式，成为一个成功的典范，启发着更多的企业经营者还原节俭务实、开源节流的发展方式。

八叔经济条件愈发改善后，对家庭成员能否保持俭朴的生活方式更加警觉和重视。他深知，财富的积累虽不易，但更难的是如何让这份财富成为家族持续繁荣的基石，而非滋生懒惰与奢靡的温床。因此，每当看到家庭成员在日常生活中有奢侈或浪费的苗头时，八叔的警觉心便油然而生，他时刻作为一位守护家风的卫士，提醒着家人珍惜每一份资源，不忘俭朴之本。他心想："财富是把双刃剑，既能带来幸福与安宁，也能让人迷失自我，失去初心。"他希望通过自己的言传身教，让家人明白"由俭入奢易，由奢入俭难"的道理，培养他们珍惜每一份资源、尊重劳动成果的优良品质。他相信，只有这样，家族才能在未来的道路上走得更远、更稳。

得益于八叔的言传身教，家庭成员都自觉保持勤俭持家的家风，都没有追求那种奢侈的生活，甚至全家大小都没有佩戴首饰的习惯。

有一次，八叔夫妇带着女儿去山东旅游。他们没有选择卧铺，而是坐硬座一路到山东，住在价格便宜的小客栈。女儿天真地问父亲："爸爸，我们又不是没有钱，为什么不住好一点的酒店，坐舒服一点的火车呢？"八叔笑着回答："闺女，生活不在于外在的奢华，而在于内心的满足。旅游住旅馆早出晚归，不外乎睡一觉，不必住什么星级宾馆。我们虽然简朴节俭，但是我们的旅行不是同样很开心吗？"

说到八叔节俭的家风，司机小钟也说起了一件他认为"有点滑稽可笑"的事。那天，小钟送八叔回家正要离开，里屋传来八婶的招呼："小钟啊，等等！"小钟转身一看，只见七十多岁的八婶

第六章 八叔精神

吃力地抱着一大捆废纸皮，步履蹒跚地向他走来："小钟，帮我把这堆'宝贝'运到废品站。"小钟一看有点面露难色，心里咕嘟起来：这车，可是腿伤的八叔为方便上落车而特意新购置的，老人家这才坐上了豪华一点的车，而用新车来运旧纸皮合适吗？正当小钟犹豫之际，八叔拄着拐杖从屋里跛了出来，对小钟笑道："小钟啊，你就听八婶的吧。有用的东西她从舍不得扔，改不了的习惯。"小钟这才意识到，这不是合不合适的事，而是勤俭持家这一宝贵家风的传承与延续。

八叔说，搭便车、坐硬座、啃干粮、住小客栈，背后并不是简单的钱的问题，更不是装模作样。这是一种艰苦朴素的作风的传承，是对世事的敬畏，是一种生活哲学。他认为，真正的富有不在于物质的堆砌，而在于精神的充实。他的这种生活态度，不仅影响了他的家人，也感染了周围的人。他的同事们对他以身作则的节俭表示理解和敬佩，纷纷效仿，力求节俭，能省则省，共同营造了一个崇尚勤俭、反对浪费的良好氛围。

八叔的节俭并不意味着他对生活和工作的马虎。相反，他凡事都追求高效和质量。他的蛋鸡场设置得井井有条，产品质量上乘。他的家庭虽然简朴，但充满了温馨和爱。他的女儿回忆说："虽然我们的生活简单，但我从未感觉缺少什么。爸爸总是能用最少的资源，给我们最好的生活。"

有一次，八叔一位久未谋面的挚友谭先生，一见面就调侃起八叔来："八叔，听说你做事还是那么节省，你不怕人家说你抠门呀？"

八叔笑了："我知道，有人认为俭朴节省在当今世界已经过时了。俭朴是一种优秀的传统，它的意义不会随着时代的变化而淡化。现在很多人追求外在的物质满足，却忽略了内在的平静和充实。其实简单的生活方式，同样可以令你感到幸福和满足。当然，俭朴节省并不意味着要过苦行僧般的生活或放弃对美好生活的追求。我们在合理范围内进行消费和选择就可以了。"

第三节 八叔的"实"

八叔精神,深深烙印在"勤、俭、实"的箴言之中,而尤为关键的,莫过于那"实"之一字。在他看来,勤俭是不可或缺的基石,但若缺乏"实"这一核心,那么描绘创新未来的愿景与构建美好生活的蓝图都将变得难以实现。所以,可以毫不夸张地说,"实"是八叔精神的精髓!

八叔精神中"实"的内涵具体体现为:坚持实事求是的科学态度,践行务实创新的实践路径;秉持脚踏实地的工作作风,强调结果导向的执行效率;构建诚实友善的人际关系,倡导和谐共进的融洽氛围;铸就诚信为本的品牌基石,开拓互信共赢的发展未来。

"实"之一,坚持实事求是的科学态度,践行务实创新的实践路径。

八叔创业数十载,所涉行业横跨种植、养殖业、园林旅游业,再至盆景艺术创作。每项皆成,未尝败绩,令人钦羡不已。其成功秘诀是:以创新为本,求真务实为基。

他深信,唯有务实创新,企业方能屹立不倒。八叔说,几十年创业中遇到诸多困难、市场诱惑和路径抉择。面对困难，墨守成规无出路；面对热点，盲目跟风陷险境；面对十字路口，决策错误则陷入歧途。他成功至今，靠的是求真务实，拨开迷雾，做出正确的选择。

八叔有几句标志性的口头禅，这些话语生动地体现了他一贯坚持的求真务实精神。

第一句口头禅是："对常识先打个问号。"

八叔当年养猪，硬是比别家养得好。原来那时进口鱼粉作肥料，包装袋上标示的就是"肥料"的字样。大家都理所当然地只想着用作肥料。但八叔却敏锐地发现，鱼粉价格低廉、蛋白质丰富且干净卫生，何不尝试用作猪饲料呢？结果用作饲料取得奇效。其实，鱼粉用作饲料原理并不深奥，但用作肥料是常识，常识作为一种惯性思维限制了普通人的思路。而八叔不人云亦云，总是"对常识先打个问号"，鱼粉另作他用出乎所有人的意料。鱼粉的妙用，使八叔低价买入了病猪养得壮硕，收获了人生的第一桶金，为八叔创业铺垫了信心。更重要的是，这种善于变通、独辟蹊径的思维方式，让他能在人生旅途中不断把握新的发展机遇。

第二句口头禅是："挑战权威，正是对真理的尊重。"

当年因为南方气候长年湿热，专家都认为广东不适宜养殖蛋鸡。八叔正因为其难，无人涉足，才觉得有市场价值，迎难而上，从肉鸡养殖转战蛋鸡产业，成为全省的蛋鸡大王。当年教科书的标准做法是蛋鸡场一定要建在平地避风的场所。八叔从南方气候的实际出发，创造性地把蛋鸡场建在山顶上，全面地解决了南方蛋鸡患病率高、死亡率高、产蛋率低的问题，还节省了农地和土地成本。

此外，八叔当年接盘几千亩龙眼果园，也不被过往经验束缚，不照搬二千多年流传下来种果的条条框框，独创丰收技法。难得的是，八叔种果树无论遇到任何的气候异常，都能随机应变、因势利导，改变了几千年果树种植"听天吃饭"的宿命，即便是收成不佳的年份，他也能通过巧妙调整，实现丰收，并且让果实卖出好价钱。

八叔晚年斥资数亿元精心打造园林，不拘泥于传统园林的套路，坚持创新，因地制宜，与时俱进，面向普罗大众，走雅俗共赏的路子，做出自己的特色，结果大获成功。得到游客的广泛好评，吸引八方来客趋之若鹜。被专家誉为"不是专家的专家""没有章法的最高章法"。

八叔懂得，所谓权威，是认识和改造世界的过程中普遍认可的专业知识，这一宝贵资源无疑值得全力以赴去学习与掌握。但权威仅是对彼时彼地的结论。科学的做法是，要根据此时此地的变化和差异，把握权威的精神实质，触类旁通，善于变通，一切从实际出发，才是对真理的尊重，才会在创新中实现高质量发展。为此，八叔总是秉持批判性思维，对待前人经验和书本知识持批判性态度，不是简单地接受或否定，而是结合实际情况进行深入分析和判断。他善于独立思考，从实际出发，寻找解决问题的最佳方案。在开拓创新的道路上，八叔更是将"务实"二字诠释得淋漓尽致。

第三句口头禅是："看得见的机遇都不是机遇。"

八叔求真务实，自觉抵御市场热点的诱惑，坚持做正确的事，防范陷入市场风险。当年龙眼市场热浪高涨，赚钱效应热辣时，八叔抵得住市场热点的诱惑；同理，"看不见的机遇往往才是真正的机遇"，当龙眼市场的热潮逐渐退去，许多人纷纷撤离时，八叔却反其道而行之。他遵循着"好市莫追，烂市莫歇"的市场法则，在低位大规模接盘，以低成本、轻资产的方式稳健发展。这一策略不仅使他成功避开了市场波动的风险，还为他带来了丰硕且稳定的经济效益。

在过去热气腾腾的岁月里，房地产如同一股不可抗拒的洪流，承载着无数人对财富梦想的渴望与追求，在那辉煌的几十年间，它铸就了一段段令人心潮澎湃、梦寐以求的赚钱传奇。八叔，一个以稳健务实著称的智者，却在这股浪潮中保持了难得的清醒与坚持。

2023年夏天的一个中午，在凤凰园餐厅，人们围坐在八叔周围，津津有味地谈论起八叔与房地产的那些事。八叔的一位赖姓老友，带着几分羡慕、几分敬畏地说起八叔那些年抵御市场诱惑的往事。当年八叔没少被周围的人怂恿着涉足房地产这片金海，就连他最亲近的家人，也是轮番上阵，苦口婆心地劝说着八叔："看看人家，房子未建好买房的人就排起长队，咱们家也有本钱去做啊！"言语间，满是对赚快钱赚大钱的渴望与向往："就是不搞房地产，也可炒楼赚钱啊！"然而，但八叔始终不为所动。八叔说："虽然大家目前都看到房地产是赚钱的最好机遇，但我始终坚持一个原则：不熟悉的领域不做。房地产这趟水，深不可测，高收益背后蕴藏着的是同样高的风险。"他的话语，平静而坚定。"再者，我始终认为，当一个行业被所有人看好，争相涌入之时，往往也是它即将步入黄昏的前兆。"八叔在这样的赚钱效应中依然心静如水，实为不易，那是一种对市场规律深刻理解的定力。

八叔的赖姓老友深有感触地说："当地那些身价不菲的企业主，大多不能逃脱房地产魔力诱惑。岁月流转，我们看到那些曾经蜂拥而至的投资者在房地产市场的泡沫中沉浮不定，甚至有人因此倾家荡产。这就不得不佩服八叔却凭借着自己的远见卓识，坚持在自己深耕的领域稳扎稳打，避免了严重的经营风险。"八叔对此很是认同并欣慰地说："如果当初我踏入了房地产，或许就不会有今天的我。我今日就不能悠哉悠哉地搞园林，玩盆景。"

几十年的商海博弈，八叔耳边响起的"机遇"之声不绝于耳。但八叔对"机遇"总有自己的独立思考：机遇往往具有稀缺性和不确定性。真正的机遇通常不是摆在明面上，人人都能轻易看到的。那些显而易见的"机遇"，往往早已吸引了众多人的目光并被他们竞相追逐。因此，竞争会异常激烈，其潜在价值很可能已被市场过度高估，导致实际收益远远低于预期。而真正的机遇往往始于萌芽状态隐匿于市而未被广泛关注，需要敏锐的洞察力和前瞻性的眼光才能洞察。

从人的认知局限角度看，人们往往容易受到惯性思维和从众心理的影响。看得见的机遇通常是符合大众认知和预期的，人们倾向于跟随大众的选择，而这种从众行为却会使你错过那些独特的、尚未被广泛认知的机遇。同时，人的认知是有局限性的，我们所看到的往往只是事物的表面，而真正的机遇需要深入挖掘和分析才能发现。

从市场规律来看，当一个机遇被大多数人看到时，大家会纷纷采取行动，这会导致市场饱和、资源紧张，成功的难度增大。而那些不为人知的机遇，由于竞争相对较小，给予了率先发现并行动的人更大的成功机会。譬如在新兴技术领域，早期的开拓者往往能够攫取巨大的回报，而当这项技术成为众人皆知的"机遇"时，市场版图往往已经尘埃落定，后来者很难再分得一杯羹。

总而言之，八叔坚信"看得见的机遇往往不是机遇"。所以要保持独立思考和敏锐的洞察力，不要仅仅局限于表面的、从众的选择，要勇于探索未知领域，去发现那些真正具有价值的机遇。

第四句口头禅是："走得快不如走得稳。"

八叔的求真务实，也表现在稳字当头，量力而行，尤其注重风险防范之上。2005年正值蛋鸡养殖风生水起之时，一位市的主要领导为了扶持农业龙头企业，携同某银行行长莅临八叔的鸡场。行长带着满满的诚意与优惠，承诺给予八叔的公司巨额授信额度和前所未有的低息贷款，仿佛是在为八叔铺设一条更广阔的通往财富宝藏的金光大道。面对这突如其来的机会，八叔一边感激领导对民营企业的关心，一边对银行递来的橄榄枝未置可否，陷入了深深的思考与权衡之中。

月光下，他缓缓踱步于宁静的鸡场，凝视着那些在夜幕中静静休憩的蛋鸡，心中五味杂陈。他深知，这一方面是一个扩大规模的机会，但更是一场对自己素来稳健的经营理念的重新审视。"八叔，这可是千载难逢的好机会啊！有了金融信贷的加持，咱们的养殖场就能迅速扩张,稳当行业的领头羊!"耳畔回响着助手满是激动与期待的言语。然而,八叔的眼中依然闪烁着审慎的平静,那是一种对未知的谨慎,也是对自我发展方式的反复审视。

每当夜深人静之时,八叔总会坐在农场的门槛上,望着满天繁星,心中不禁泛起层层涟漪。"我会不会错过一个跨越式发展的机会?"他轻声自问,但随即又释然一笑,"但我不后悔。因为我知道,只有稳扎稳打,才能走得更远。稳字当头,量力而行。"这是八叔对企业发展的优先考虑。

最终,八叔做出了决定,他婉拒采用加杠杆或举债的发展方式,而是坚定地选择了依靠自有资金,采取稳健的滚动式发展策略,以确保鸡场的持续、稳定发展。这一决定,在外人看来或许过于保守,甚至有人说这是"小农经济的残存意识"。笔者曾问八叔人生有什么缺点,八叔说:"在资本运作大行其是的年代,放弃别人求之不得的银行授信,这也许是我的一个缺点吧。我不知道这是对还是错,但我始终将公司的稳健发展置于首位,这是我矢志不渝的追求。"可见,在八叔内心深处,始终是对风险防范的坚守,对稳健经营的执着。

八叔之所以选择稳扎稳打而非冒险扩张,源自他深刻的行业洞察力、稳健的经营理念以及对风险的高度防范意识。

首先,八叔深谙每个行业都有其内在的规律和周期性。在蛋鸡养殖这个领域,虽然短期内可能因市场需求激增而看似前景无限,但背后往往隐藏着市场饱和、价格波动等周期性变化。凭借多年的行业经验,八叔能够敏锐地捕捉到这些信号,并预见到盲目扩张可能带来的严重后果。八叔说:"如今饲料和人工等成本比二十年涨了三倍以上，而鸡蛋的卖价却基本持平，利润空间被严重挤压，如果大规模扩张，经营难度加大而变得粗放，后果不堪设想。"

其次，八叔始终秉持着稳健的经营理念。他相信，企业的发展应当植根于自我发展能力的基础上，而非依靠外部融资或举债来支撑过度的繁荣。正如人需要通过均衡饮食来避免虚胖，确保身心健康，从而享受长久的福祉一样，企业的长远发展亦需如此。他觉得企业大有大的优势，同样，大有大的难处。公司规模过度扩张，管理往往失之粗放与疏漏。加上一旦产生债务危机或市场环境发生不利变化，企业将面临严峻的生存考验。因此，他更倾向于通过自有资金来推动企业的可持续发展，确保每一步都走得稳健而有力。

再次，八叔对风险有着高度的防范意识。他明白，在商海波涛中航行，风险如影随形，无处不在。为了避免因冒险而陷入困境，他始终保持着清醒的头脑和谨慎的态度。他深知，只有脚踏实地、步步为营，才能在激烈的市场竞争中立于不败之地；只有做好风险防范工作，才能确保企业的长远发展。"稳健前行优于急功近利"，是八叔创业中始终把握的一条底线。

岁月如梭，几十年转瞬即逝。那些曾经借助贷款、上市融资或举债跨越式发展的养殖业巨头们，有的确实做大做强了；有的尽管一度风光无限，却在市场的风浪中摇摇欲坠；有的则因管理失控、市场波动而深陷泥潭，甚至面临破产的境地。相比之下，八叔的实力业务宛如一条静静流淌的小溪，虽无壮阔波澜，却以持之以恒的稳健步伐持续发展。这不仅使八叔得以超脱繁重的经营压力，还让他得以悠然步入绚烂的园林世界，享受丰富的精神生活。

第五句口头禅是:"执着并不等于固执。"

八叔真抓实干,执着于深思熟虑后的事。同时,他虚怀若谷,广纳箴言,不固执己见。

八叔对别人好的建议、正确的批评乃至反对意见,向来保持开放、包容、乐见的姿态,不端架子、不讲面子,从善如流,有错即改。

做到这点,源于他务实的态度。只要意见客观、准确、恰当,不管何人、何时、何地提出,八叔都乐于聆听、听得进去、善于采纳,诚心改正。甚至对于一些妄议甚至横加指责,八叔也能沉住气,坦然面对,为的是不堵塞言路。

凤凰园客服员工水娇讲述过这样一件事:有一天,某地参观团50多人前来,说是要交流园林建设的经验,却因领队的无礼,现场被不和谐的气氛笼罩。

参观团临时改变交流会的时间,却抱怨八叔迟到,并迁怒于员工,对员工指指点点,批评尖锐如刺。脚伤未愈的八叔挂拐匆匆赶到,那领队竟无礼地对着麦克风说道:"这是凤凰园园主,是个瘸子……"

空气瞬间凝固,员工们强忍着惊愕与愤怒。

但见八叔却始终和蔼微笑,眼神平静温和,似未闻那恶语。他微微欠身点头,沉稳亲切回应:"欢迎大家!如接待不周,请多多包涵。"而后语气平缓地讲述凤凰园的建园心得,神情专注,仪态平和。

员工们起初对自己尊敬的八叔受此般非礼而心疼不已,对领队的无礼愤愤不平，后却被八叔的大度包容感动。客人们紧绷的脸也渐渐松弛下来，显出钦佩与愧疚的神情。最终交流会在热烈的掌声中落幕。对方也以开放的心态详细介绍了他们园林建设的经验，使八叔的团队颇受启发。

八叔以宽容化解矛盾，其风范、格局和境界，深深感染了大家，以八叔引为骄傲的同时，感慨八叔如何能有如此大的气量。八叔淡淡一笑，幽默地说："一个人要有两个肚子，一个肚子吃饭，一肚子受气，吸取物质营养的同时消化吸收精神营养。"

八叔有个习惯，与人交谈从不反驳对方意见。他说，别人意见对，我当然认真听。若别人意见不如我的做法好，我就坚持自己的。就算意见不对，我也不反驳，因为我觉得别人提意见是为我好，我应感谢。若反驳，别人就不再提意见了，那是自己的损失而不是别人的损失。

八叔凤凰园的设计，本来规划在园区腹地建造一个大泳池。后来曾凡光说如果做泳池就会把整个园林的格局破坏了，游泳池与园林的功能是格格不入的。八叔对这个意见欣然接受。重新构思，修改设计方案，后来改做为鸳鸯湖和凤凰大瀑布，成为园区的重要景点。

景区大门前的迎凤桥，也是根据一个普通工人的临时建议增设的。凤凰楼建造接近尾声时，有个工人突发灵感，提议在门楼前面做一座桥。八叔觉得这是个好创意，但开园时间临近，如按传统工艺施工根本没法按时完工。八叔还是决定立即动工，亲自扎钢筋上模板，仅用十几天时间就把桥做好。命名为"迎凤桥"。迎凤桥在凤凰楼前面展开，增加了凤凰园正门的纵深，开阔大气，被称为神来之笔。八叔说:"这是工人的创意,是我们团队的杰作。"

"实"之二,秉持脚踏实地的工作作风,强调结果导向的执行效率。

八叔的求真务实精神,在目标任务的执行过程中体现得淋漓尽致。他始终秉持结果导向的作风,展现出卓越的执行力。对此,蛋鸡场的相关负责人陈庆德深有体会:八叔决策之前都是经过深思熟虑,一旦决定下来,便会毫不犹豫地采取行动,要做的事就一定要讲效率,八叔总是说不能"只听楼梯响,不见人下来",如果"下了菜单老不上菜,不是要饿死人吗?"安装第一条自动化鸡栏时,技术人员预算拆除旧鸡栏要三个月,但在八叔的带领下,仅用了一个多月便高效完成,这一速度令人惊叹。我们企业最强调的是执行力,执行力强都源于带头人八叔。

在蛋鸡养殖场的机械化与自动化安装工程推进中,八叔不仅精心规划了详尽的方案,还亲自深入一线监督实施细节。他每天都会到车间现场查看进度,对不符合要求的地方立即要求整改。在设备安装阶段,遇到了技术难题,喂料设备与实际需要不匹配,喂料速度不合适,喂料不够均匀,一定程度上存在喂料不足或浪费饲料的问题。八叔迅速集结业务精英进行研讨。有人提出更换设备,有人主张拆下重新安装,都因效率和成本问题被八叔否决。八叔引导大家找出成因,结果仅是在智能调节自动拨料装置的拨料速度和数量上稍作调整,问题就迎刃而解。此举不仅大幅节约了投资成本,还显著提升了工作效率。

在凤凰园园林景观建设项目中,八叔自设计阶段起便实施了严格的品质控制，频繁根据工程实际情况做出精细调整。八叔不放过每一个环节的问题，对不符合要求的地方及时返工。例如，在铺设园区道路时，八叔发现有一段路面容易积水并不利于排水，他当即要求施工人员重新铺设，直到达到标准为止。同时，八叔还注重园林景观的细节，对花草树木的搭配、景观小品的摆放等都亲自过问。得益于八叔的严谨管理，凤凰园的建设不仅提前完成了计划，而且质量卓越，达到了高标准。

八叔意外骨折后，尽管身体承受着巨大的痛苦，但他的思绪却一刻未停，始终围绕着如何提高果园的经济效益。在病榻之上，他苦思冥想，最终得出了一个结论：果树矮化是实现最佳经济效益的关键。但员工们不理解，迟迟不去实施。八叔拖着伤腿，忍住疼痛，坐着轮椅也要到果园部署技术革新方案的落地。八叔始终认为，再好的设想不去落实都是空想，始终强调的是结果导向的执行效率！

"实"之三，构建诚实友善的内部关系，倡导和谐共进的团队氛围。

八叔创业功勋卓著，面向既定目标有百折不挠的韧劲，面对困难有钢铁般坚硬的意志。但是很多人意想不到，八叔是一个性格十分温和、憨厚老实的人，从来不端老板的架子。有人对此却不以为然，有人不屑地评论道："自古就是慈不掌兵，现在都什么年代了，'老实'不就是'无能'的代名词吗？"还有人质疑："憨厚老实是不是已经过时了？是不是陈旧迂腐的象征？"这样的声音此起彼伏。有些人嘴上不说，心里也在暗暗地认为"憨厚老实"做不成事，觉得不够世故圆滑好像就跟不上时代。

面对这些质疑，八叔坦然回应："憨厚老实，于我而言，就是坚守诚实厚道的品质，不浮夸，不投机取巧，不妄自尊大。无论时代如何变迁，憨厚老实都是我的立身之本，是我始终如一的为人处世之道。它让我脚踏实地，心怀坦荡，这是我最宝贵的财富。"这种憨厚老实的为人之道，表现在企业内部，是以情感维系企业的秩序，而不是以刚性为主的制度来约束员工。

八叔与家人相处和管理企业秉持的理念是"以人为本，以情感人"。在家中那片宁静的港湾，八叔与家人相处，如同那细水长流的小溪，温柔而深远。他的妻子和儿孙们提起他时，也总是满眼的敬佩与温情。在外，老人家是商界的佼佼者，多家企业的董事长，几门生意的掌门人。回归家庭，他又化身为好丈夫、好爸爸、慈祥

阖家团聚为八叔庆祝生日

的老爷子。对家人的深情厚爱藏在他内心最柔软的深处。他用自己勤劳的双手为家人创造了充裕的物质生活，更用他那颗温柔细腻的心，构筑了一个充满爱与温暖的小天地。在家人面前，他总是表现得和蔼可亲，言语温和，从不轻易动怒。作为长辈，八叔能包容家中晚辈不同的意见和不同的生活习惯，从不轻易指责。八叔通过自己的言行，生动诠释了家庭温暖与和谐的真谛，让每一个家庭成员都能感受到那份深沉而真挚的爱。

八叔常言："一家人相处得好，一个大企业才能管理得好。"在他看来，"修身齐家治国平天下"的道理并不遥远，它就蕴含在日常生活的点点滴滴之中。家庭，作为社会的基石，其和谐与否，与企业管理之道异曲同工，皆需倾注心血、以爱培育。八叔用自己的行动证明了这一点，他在家庭中树立了良好的榜样。八叔"勤俭实"的家风一代一代传承，儿辈、孙辈都自强、自立。儿子、孙子、孙女、儿媳妇、孙媳妇在八叔的蛋鸡养殖、果树种植以及旅游景区成为经营管理的中坚。他们与整个经营团队平等相处、齐心协力，秉持着八叔"以人为本，以情感人"的理念，将这种温暖与关怀也融入到企业管理之中。八叔的理念如同璀璨的星光，不仅照亮了家庭，也指引着企业向着更和谐、更繁荣的方向发展，让整个企业都洋溢着亲如一家的氛围，在市场竞争中展现出独特的魅力和强大的凝聚力。

八叔不仅是一个成功的企业家，更是一个深谙人性、懂得生活真谛的智者。他用漫长的时光，书写了一段关于诚信、诚心和慈爱的传奇故事，让每一个听到他名字的人都能感受到那份来自心底的温暖与力量。

第六章 八叔精神

八叔公司是一个多元化经营的大企业,但其管理风格却并非依赖于严苛的规章制度。八叔说我的管理没有什么条条框框,简单来说,就是"以情感人、平等待人、以身作则、利益与共"这十六个字四句话语。这四句话语的核心,在于"诚"与"情"。

话语之一,以情感人。

八叔公司上上下下的人都体会到,八叔心底里把员工当作自家人。每当员工身体不适,八叔总是第一时间送去关怀;遇到困难时,八叔也会伸出援手,给予实质性的帮助。八叔还重视下属的身体保健,总是说工作要拼搏,身体也要管理好。不时给大家"常做深呼吸""练哑铃肌肉训练"之类的提醒。在八叔看来,人生的价值就如同一个数字,无论后面有多少个"0",都离不开前面的那个"1"。而这个"1",正是代表着健康的身体。倘若没有这个"1",那么后面再多的"0"也都失去了意义。

在蛋鸡场的那些日子里,冯超华作为八叔的得力助手,那次孵化鸡苗的意外,至今仍是他心中难以忘怀的内疚。冯超华孵化鸡苗时,由于经验的欠缺和操作的疏忽,致使公司蒙受了十多万元的损失,这一数目几乎相当于公司自有资金的四分之一。这对于当时刚起步的公司来说,无疑是一记沉重的打击。

冯超华的心沉到了谷底,做好了接受批评甚至惩罚的准备。然而,当八叔得知此事后,他的反应却出乎所有人的意料。八叔没有一声责备,而是以一种平和而深邃的目光看着冯超华,仿佛能够透视到他内心最隐秘的角落。他缓缓开口,语气中没有丝毫的责备,只有对未来的期许和对团队的信任:"超华啊,这次的事情确实是个教训，做事嘛难免有失误，我知道你已经从错误中吸取了教训。我对你，对我们的团队依然充满信心，相信我们能够携手共渡这个难关。"冯超华听着八叔的话，心中涌动着一股暖流。他抬头望向八叔，眼中闪烁着感激与决心："八叔，我真的很内疚。如果您能批评我几句，或许我心里还会好受些。但您始终没有一句指责的话，这让我更加难以释怀。我知道以后要怎样做了。"八叔闻言，微微一笑，那笑容里包含了太多的理解与鼓励。

从那以后，冯超华更加努力地工作，不仅弥补了那次的损失，还在后续的工作中屡创佳绩。这一切的背后都离不开八叔的信任与支持。而八叔那句"我们是一个团队"的话语，也永远铭刻在了他的心中，成为他不断前行的动力。冯超华六十多岁时，他的女婿成为一位成功的企业家，为他买了别墅置了汽车，足以安度晚年。然而，冯超华并未选择退休，他坦言，不为别的更不为钱，就为了心里舒坦，因为我在公司里工作、与八叔朝夕相伴就是最美好的生活享受。

八叔后来谈及此事感慨道："干事情难免有过错，容错才是务实的态度。员工心情已经很不安了，自然会吸取教训，横加指责是管理者的不明智。"正因如此，八叔公司的员工们都深深感激他的包容与理解，他们心情愉悦地投入工作中，勇于尝试，大胆创新。公司极少人辞职，众人都说这样的老板是值得一辈子追随的。就算有员工因故辞职了，过年过节也会打电话问候八叔，就像朋友一样保持着关系。

在八叔的管理哲学中，责任与担当始终是他最为看重的品质。面对工作中的失误，他从不急于把责任归咎于他人，而是首先反思自己，勇于承担责任。2024年，公司组织外出参观学习的团建活动，八叔在旅行大巴上分享《凡事从自己身上找原因》的深度好文，以这样的话语与大家共勉："在纷繁复杂的生活中，我们常常会遇到各种问题和困扰。面对这些挑战，许多人习惯于责备外界，认为问题的根源在他人或环境。然而，真正的智慧在于凡事从自己身上找原因。这不仅是一种责任感的体现，更是个人成长和提升的关键。"作为团队的领航者，这种待人以宽、待己以严的态度，不仅赢得了员工的尊敬与信任，更激发了他们内心的责任感与使命感。

有一次，凤凰园迎来了一组在园林界享有盛誉的专业考察团队，这对凤凰园而言既是一个宝贵的学习机遇，也是扩大凤凰园影响力的绝佳机遇。然而陪同的工作人员没有留下任何文字和影像资料，也没有写出书面总结，这无疑是一次工作疏忽，八叔内心也觉得实在遗憾。但八叔没有指责下属，而是首先将责任揽到了自己身上。他语气温和而诚恳地说："首先责任在我，我明知客人是园林界享有盛誉的专业人士，却没有事先提醒你们。"工作人员原本以为会迎来一场严厉的批评，却没想到八叔会如此宽容与理解。这份担当精神深深触动了他们，让他们的内心充满了内疚与自责。在这种氛围下，他们纷纷主动检讨自己的过失，并表示要以此为鉴，以后在工作中要形成更加完善的相关制度，确保类似的失误不再发生。

八叔的这一举动，不仅是对员工的一次深刻教育，更是对企业凝聚力的一次塑造。他通过自己的实际行动，生动诠释了领导力的真谛——不是简单地发号施令，更不是一味地指责与批评，而是在关键时刻能够以领导者的担当，为团队挡风遮雨，引领大家共同前行。

财务人员小苏提及，八叔对身边人的信任程度令人倍感温暖，尤其是在财务报销审批这一关键环节上，流程之简洁高效，实属罕见。这体现了八叔对身边的人的信任，这种信任不仅仅是一种情感上的认同，更是对团队成员人格与能力的充分肯定。在财务报销审批这一敏感而重要的环节上，八叔并没有设置繁琐复杂的流程来限制或监督员工，而是选择了最直接、最简洁的方式。这种信任，让小苏等员工感受到了被尊重与被信赖的温暖，同时也让他们意识到自己的责任更加重大。因此，他们在工作中变得更加细心、更加严谨，以确保每一笔账目都准确无误，不负八叔的期望。这样的工作环境，不仅提升了工作效率，更在团队中营造出了一种积极向上、勇于担当的良好氛围。

八叔的宽容与信任如同磁石，吸引来了员工的忠诚与不懈努力。在这样一个充满正能量的工作环境中，各路英才纷至沓来，他们渴望在这里大展身手、贡献自己的力量。八叔深知"用人所长，天下无不用之人；用人所短，天下无可用之人"的道理，因此他总是善于发现并发挥员工的优点和长处，同时包容他们的不足和短处。这种独特的用人哲学，不仅让团队成员能够充分发挥自己的潜能，也促进了团队内部的和谐与协作。八叔的信任反而使大家觉得责任加重了一点，工作更加有担当了。

话语之二，平等待人。

绿杨农业有限公司是享名全省的农业龙头企业，其董事长杨幸注的名字在业界虽响当当。但在本地,知道他全名的人并不多,更少有人以"董事长"相称。然而"八叔"这个称呼在当地几乎是家喻户晓。八叔乐见这样的称呼,大家也因为八叔的亲切随和而这样称呼他。久而久之,"八叔"不仅成为高州的一张闪亮名片,更蕴含着当地民众与八叔深厚的情感纽带。这比起通常"杨总""杨老板"的敬称是两种截然不同的感情色彩。这是八叔平等待人的缘故,也折射出八叔平实的心态。

八叔经常与人提起,有一位被公认为全市首富的企业家,总是平等友善待人。每次聚餐时,都一一给众人夹菜,展现其平等友善的姿态和无微不至的关怀。八叔的这番话,不仅是对那位企业家的情感认同,更是他自身为人处世哲学的真实流露。八叔自己,也是这样一个身体力行、以行动诠释平等与关爱的人。在企业日常的运营管理中,八叔从不摆出一副高高在上的架子,对待员工,他总是保持着谦逊与平和的态度,仿佛每一位员工都是他的伙伴,而非下属。

有一次,笔者与八叔同行,恰逢他致电给一位负责照料花卉的员工:"天气转暖了是吗?又是开花时节,追施一点肥料是不是好一点?"这就是八叔布置工作的表达方式。他与下属说话的词后缀和句后缀,通常为"是这样吗?""这样好吗?"。由命令式转为平等式、协商式、启发式,在和风细雨中安排好工作。他总是这样以平等的态度对待员工。

八叔的孙子殷滔负责凤凰园的管理工作。他说,爷爷很重视营造团队和谐氛围,每年都得想法子搞团建,像组织大家出去旅游之类的。2024年秋天,爷爷那脚伤还没好利索,就带着员工们奔贵州旅游去了。在长途大巴上,爷爷可没闲着,又是给大伙分享创业那些事儿,又是讲笑话逗大家排解旅途的寂寞。他讲了个特逗的事儿,说有个叫小明的学生,那作风叫一个散漫,学习上压根儿就不使劲儿,作业老欠着,干啥啥不行,在班里那是样样都拖后腿。下课的时候,老师就问同学们小明有啥特点。嘿,这可热闹了,同学们七嘴八舌的。这时候有个同学冒出来一句:"小明是'大力士'。"大家都蒙了,啥意思啊?老师一听,乐了,说:"哦,我明白了,这小明是力大无比啊,能拖全班后腿呢!"这幽默的段子,一下子就把大家旅途的疲倦给冲淡了,气氛顿时活跃起来。

话语之三,以身作则。

八叔说,公司的规章制度并不繁琐,他更倾向于用自己的行动去感召员工,事事带头去做,给员工做好榜样,以身作则就是最好的规矩。有一次,一车玉米粉运到仓库旁,恰遇天将降大雨。通常是先穿好雨衣再来卸货,但这样玉米粉就可能被淋湿。此刻,只见近七十岁的八叔一声不响,扛起沉甸甸麻袋大步流星地向仓库走去。

在龙眼丰收繁忙季节,腿伤刚好的八叔与员工一起搬运龙眼

无需多言,员工们目睹此景,纷纷紧随其后,迅速投入到卸货工作中。

第六章　八叔精神

八叔认为，最有效的管理就是以身作则，行动就是最好的感召力。

凡是来凤凰园游览的旅客都一致赞赏景区干净整洁。景区管理负责人卢小姐说，我们经常目睹八叔入园看见地上散落的垃圾，就弯腰捡起来，小心翼翼地放入垃圾桶。员工们看到了就潜移默化地增强了保洁意识，常态化地做好保洁工作。

在蛋鸡场，即便是逢年过节和公众假期，生产也不能中断。八叔就与家人坚守在鸡场，让员工休假与家人团聚。园区管理人员阿娇说，我们上班无论来得多早，八叔总是比我们先到一步。八叔的这种敬业精神，激励着员工们从不迟到，甚至常常提前到岗。公司的考勤管理就简单轻松了。

话语之四，利益与共。

在20世纪90年代，公司有一中层干部说儿女都长大了，居住空间变得十分局促，于是向八叔提出借款两万元，计划先盖一层楼房以解燃眉之急。八叔反而考虑长远，认为即便建起一层楼，未来随着家庭人口的增长，空间仍会显得拥挤，就主动借了八万元给他盖起了二层楼房。这位中层干部不胜感激，因为他知道当时八

广东杨氏农业有限公司总经理陈庆德（右1）与副总经理冯超华

叔身家也只有几十万元。这位中层管理人员后来成为业务负责人，在孵化鸡苗、蛋鸡养殖等重要业务上作出重大贡献，为公司成为全省蛋鸡龙头企业起到重要作用。

八叔对于公司的业务骨干总是关怀备至，竭尽全力帮助他们解决后顾之忧，借款或资助解决他们住房、用车、子女读书等实际生活问题，让他们过上体面而有尊严的生活。公司总经理陈庆德说："我大学一毕业就加入八叔的企业，很快就被八叔做事的原则吸引，就决定一直追随他的左右。对我个人而言，八叔不仅是我职业道路上的导师，更是我生命中的贵人，我非常敬佩他，感恩他提供给我一个这样好的平台，也感恩他经济上的帮助，两年时间内就在县城买了房子。"

确实是这样，利益与共才能吸引人才，留住人才。八叔公司的员工和管理团队总是保持稳定的状态。八叔深谙"钱聚人散，钱散人聚"的道理。八叔常言，人才是企业的核心竞争力。选人、用人、留人、育人这几个方面都很重要。选好人才是前提，所以八叔用较优厚的待遇聘请人才。在留人方面也如此，给他们发挥才能的机会，相应的待遇配得起他们的贡献，让大家体验到人生的价值。这样的管理理念，不仅稳固了团队，更激发了员工的潜能，为企业的持续发展注入了不竭的动力。

企业管理的原则是奖罚分明。而八叔所倡导的企业管理哲学则更加注重正向激励，他强调绩效分成制度，做得多分得多。说是奖罚分明，八叔的公司从未动用过经济扣罚的措施。八叔是从人性的务实角度来理解，知道得奖肯定是高兴的，如果受到处罚心情就不愉快了，就会直接影响工作效率。他深刻理解到，在管理学中，团队的凝聚力与向心力至关重要，而心情则是调控这一开关的关键。最好的办法是让人感觉到开心，员工就会把心交给企业。当然，如果这个员工始终达不到公司的要求，干脆就不用他，让他另找合适的工作。

对此，陈庆德深有体会地说，我们公司几百名员工，管理上简单有效，规章制度是比较少的，都是靠感情归属下的自我约束。确实是这样。规章制度是刚性的，但难以涵盖所有具体情境，员工对公司的归属感和对八叔的情感，就完胜那些条条框框。靠企业凝聚力维系劳资关系，这是一般企业难以企及的。

八叔说三次创业艰难而又充满激情，他享受着每一次突破难关、收获成功的喜悦。这一切的成就，得益于他坚持的求真务实精神和持续不断的创新追求，更离不开整个团队心往一处想、劲往一处使，共同面对风雨、携手并进的团结力量。

"实"之四，铸就诚信为本的品牌基石，开拓互信共赢的发展未来。

八叔践行的"实"，不仅体现在内部的情感管理，也表现在生意场上以诚实待客，以"利他"作为合作的前提。用八叔的话说"我们必须像珍视自己的眼睛一样，小心翼翼地维护企业的信誉"。他坚信，信誉是公司的灵魂，是无形的资产，也是企业的品牌基石。只有真正做到了这些，公司才能赢得客户的信任、满意度和社会的认可，开辟持续卓越的发展未来。

八叔经常对员工讲"阿海的故事"，以此传达诚实守信对于个人与企业发展的重要性。故事发生在当地农村有个小伙子阿海，曾以摩托车载客为生计。有一次，一名计划开发万亩果园的港商要搭乘摩托车考察场地，几位摩托车主见老板事急就漫天要价。阿海觉得不能乘人之急乱报价，就说："您远道而来投资，我送您去吧，给够油费就行。"港商从小事中窥见阿海内心的诚实和善良，后来信任地把果园的机耕作业项目交付阿海去实施。

八叔说，阿海的故事看来平凡，却蕴含人生的哲理。阿海的选择不仅赢得了港商的信任与尊重，更为自己的事业开启了新的篇章。八叔用这个故事启发大家，无论做什么事，都要坚守自己的原则和底线，不要为眼前的利益而失去更重要的东西。只有这样，我们才能赢得别人的尊重和信任，确保自己在人生道路上走得更加稳健与长远。

自幼年起，八叔便深知诚实的可贵，坚信劳动的价值，拒绝任何不劳而获的行为。7岁帮人放牛时有一天没能按主人要求割到草，宁愿饿肚子也不肯吃主人家的饭。在童年的时光里，八叔因这份纯真与实在，曾被人戏称为"傻仔"。14岁时，八叔参加建筑杨桥大坝的水利工程。那时没有"洋灰"（水泥），沿用的是石灰。从大井公社到南塘公社，要走十多公里挑石灰。计工员按每人的担子记录好重量，以此作为计算报酬的依据。挑石灰的队伍里，就数小幸注年龄最小，但他挑的担子并不比大哥们轻。走着走着，幸注逐渐感觉饥渴难耐，肩上担子越来越重。一路上，小幸注看见不少同伴走一会又偷偷扔掉两块石灰，担子越挑越轻。但小幸注不屑这样做。同村的好友见状，不禁打趣道："幸注你真是傻仔，路这么远，扔几块又不会少你工钱。累死你活该！"幸注不为所动，觉得他们这样做不地道，也不忍心丢弃集体财产。但实在太重了，他走着走着，就疲惫地落在挑担队伍的后面。他就歇一会儿，喝口山边的泉水，但从未想过卸轻自己的担子。

1991年，八叔到河南购买鸡苗孵化器。然而，在河南信阳火车站，他未能购得返回广州的车票。归心似箭的他，决定硬着头皮挤上了火车。在拥挤的车厢内，八叔整整站了一天，快到湖南衡阳时，列车员将无票人员集中到餐车补票，一个考验人心的时刻悄然降临。环顾四周，八叔注意到许多与他一起从信阳上车的同行人，为了少补车票费用，纷纷自报就近的上车站点——湖南岳阳。面对此景，八叔不禁连连摇头。当乘警询问到他时，他毫不犹豫地回答："我是信阳上车的。"这个如实的回答，旁人反而觉得他"笨蛋"，甚至有人小声嘀咕，说他"傻冒"。但八叔只是淡然一笑，轻轻地说："我确实是在信阳上车的嘛。"这句话，虽轻描淡写，却展现了八叔对诚实的自觉坚持。

八叔坚持诚实待客，从"诚信、宽容、包容"三个方面建立了广泛良好的商业伙伴关系，在商界的口碑甚佳，使企业稳步发展。

诚信是与商业伙伴相处的首要原则。

八叔在与美国伊势公司的合作中，严格履行信誉的原则，商定各自同等出资300万元，八叔以厂房设备作价，不足部分以资金补齐。后来厂房设备作价加上现金只凑到250万元。面对这一情况，八叔毫不犹豫地坦诚相告，并建议对方也将股金对等地调减至250万元。对方对八叔的诚实赞赏有加，但也有人说八叔傻，把厂房设备造价提高一点何尝不可？只是八叔坚决反对这种做法，认为诚信是合作的底线。每一笔资金都如同纯金般真实可靠。他从未有过通过虚报设备价值来凑数的念头。他坚决拒绝了这些看似"聪明"实则短视的建议，用实际行动诠释了"诚信是合作的底线"这一坚定信念。八叔的坚持不仅赢得了合作方的尊重与信任,更为双方的合作奠定了坚实的基础,开辟了更为宽广的发展道路和合作前景。

八叔作为中国南部鸡蛋产业的领军人物,其稳固的销售渠道背后,核心在于始终如一的鸡蛋品质保障。这份品质的稳定,根植于他对商业诚信的矢志不渝,特别是在用药与饲料两大关键环节上的严格把控。

在用药方面,八叔展现出极高的商业诚信与对消费者的负责。面对磺胺类药物这一虽抗菌高效且成本低廉的诱惑,他决然地选择了禁用。只因这类药物可能在人体内留下对健康不利的物质残留。这一决策,不仅是对产品质量的严格把控,更是对消费者健康的庄严承诺。

在饲料选择上,八叔同样坚守着品质至上的原则。俄乌战争期间豆粕价格飙升,而鸡蛋的卖价又下降了25%,不少商家为了维持利润空间,选择成本更低的菜籽粕、棉籽粕、棕榈粕等较廉价而营养质量较差的杂粕取而代之,以维持利润,这不可避免地导致鸡蛋的营养品质和口感大打折扣。然而,八叔却不为此所动,他宁愿承受成本上升、卖价下降的压力,也坚持使用优质豆粕作为饲料,确保每一枚鸡蛋都能达到最上乘的营养价值和风味口感。在他看来,品牌的价值不仅仅取决于技术,更关乎良心。

八叔对公司财务信誉的同样珍视,这使他能与供应商建立坚不可摧的互信桥梁。他将按时全额支付饲料原材料等应付款项,视为公司守信的铁律,在八叔的观念中,"按时"不是一个笼统的概念,而是精确到每一天、每一小时的严格执行。八叔的儿媳妇陈梅娟说:"为了这份承诺,财务部门常常需加班加点,确保每一笔款项都能分秒不差地送达供应商手中。"

第六章 八叔精神

某个深夜,当大多数人已沉入梦乡,八叔却被一通紧急电话唤醒,电话那头传来的是关于公司账面资金短缺,无法当日支付饲料原材料款项的紧急报告。面对此突发情况,八叔没有丝毫犹豫,立即从个人账户中划拨资金,确保在午夜钟声敲响之前,将应付款项及时划转至供应商账户。这样的情况,在八叔的经营生涯中并非个例,他总是毫不犹豫地动用个人资产,甚至不惜向朋友借贷,只为坚守那份对供应商的信用承诺,确保公司的信誉不受丝毫损害。

八叔的这一系列举动,不仅是对公司财务信誉的极致维护,更是他个人诚信价值观的坚定履行。在他看来,信誉是企业生存之本,而守信则是他作为企业家不可动摇的底线。

八叔秉持着诚实的价值观,也深谙"诚实非愚,反为智行"之道,他坚信诚实之人虽偶尔吃点小亏,却能避免大祸。这一信念,在八叔公司的发展历程中得到了淋漓尽致的体现。凭借长期积累的卓越信誉,公司屡次在逆境中化险为夷,彰显了信誉作为企业生命线不可估量的价值。

在禽流感肆虐的严峻时期,鸡蛋销售陷入困境,公司收入锐减,流动资金严重短缺,连维持蛋鸡日常所需的饲料款项都变得捉襟见肘,但蛋鸡不能一天不吃食。于是有的老板为了避免蛋鸡饲料的断供,不得不采取权宜之计,宣称谁能支付饲料款,就能获得同期所有产蛋的收益。而八叔的蛋鸡场却能凭借良好的信誉,赢得供应商的信任与支持,即便在资金链紧绷的艰难时刻,也能获得饲料的赊销供应,确保生产不中断。而有的鸡场,供应商把饲料送到仓库门口,听说没钱支付,会毫不犹豫地调头就把货运走。

更为严峻的考验发生在"非典"期间,市场陷入了前所未有的萧条，整整一个月的时间内，一个鸡蛋也难以售出。往日里，公司每天售蛋正常营业收入三十多万元，但在此艰难时期，这意味着每个月将有上千万元的鸡蛋积压在仓库，公司日常营业收入骤变为零，而公司的资金最多只能维持十多天，资金压力空前巨大。在这企业生死存亡的关键时刻，是那些与八叔合作多年的供应商，毫不犹豫地伸出了援手，连续赊销了四百多万元的饲料，且从未催款。这份深厚的信任与支持，无疑是八叔多年来始终坚持诚信经营得到的回报。

回顾过往，八叔感慨万分地说："若非'信誉'二字，公司恐怕难以跨越禽流感和"非典"这两道生死关卡，甚至可能早已以破产收场。"确实是这样，在危急时刻就更充分体现了信誉是公司的生命线！

其次是对商业伙伴的宽容。

八叔认为，企业之间良好的合作，不仅要坚守诚信，而且要相互宽容。八叔深信，诚信与宽容共同构成了企业间互利共赢的良性循环。企业要得利，首先要有"利他思维"，双赢多赢才是可持续发展。

有一位长期向八叔公司购买鸡苗的客商，一段时间未如约给付货款。面对这一情况，八叔嘱咐财务不要急着催收，多点谅解生意伙伴困难才好！在商海中，八叔展现了一种难能可贵的人文关怀和商业和谐。面对这位长期合作伙伴因暂时性的资金困境而未能如期付款，八叔非但没有急于催收货款，反而以宽广的胸怀和深切的同情心，给予了对方充分理解与缓冲空间。这一举动，不仅缓解了客商的燃眉之急，更在无形中构筑了一张以深厚信任为基石的合作关系网络。

八叔的宽容与体谅，非但没有让自己蒙受损失，反而能致使他"得道多助"。这位客商与八叔保持长期的商业往来，也不曾亏欠一分钱货款。这位客商深感八叔的宽宏大量与关照之恩,从单纯的生意伙伴逐渐转变为挚友,并向八叔提供了许多宝贵的技术性建议。也正是这一被八叔长期关照的客商朋友,提供的购买低价鸡笼的商业信息,使八叔节省了巨额的扩容成本。

还有就是生意场上的包容。

生意场上人际关系是错综复杂的。他始终秉持一个原则:做事要先会做人。遇到矛盾争纷首先是包容。如果冤冤相报,则两败俱伤。要学会包容、感恩,甚至以德报怨,路子就会越走越宽敞。

八叔以德报怨有一件众口皆碑的事:当时在鸡场建饲料厂,要安装变压器,电线杆必须架在隔壁企业旁边。而那家企业的主人坚决不同意,八叔给出很可观的补偿对方仍不予配合,令八叔很是为难。然而,世事难料,这家企业生意后来遇到很大困难,大部分货款收不回来,公司濒临破产。八叔知道后不计前嫌,施以援手,与他共商应急之策,配合他通过法律途径追偿应收账款,连起诉费用都是八叔借给他的。当这家企业的主人从困境中恢复过来,他深感八叔的恩情厚重,逢人便说八叔的宽宏大量与无私帮助,称赞八叔不仅是一位成功的企业家,更是一位具有高尚品德和宽广胸怀的君子。八叔以德报怨的行动,不仅化解了与邻企的隔阂,还赢得了更广泛的尊重与信任。这种超越个人恩怨的宽大胸怀,正是八叔能够在商海中乘风破浪、不断前行的重要法宝。

在商业的璀璨星河中,八叔创业传奇如同一部波澜壮阔的史诗,传颂于众人之口,彰显着他作为企业家的非凡成就,其精神更是一座蕴藏无尽智慧的宝藏,在创业过程中的勇于创新精神有着非凡的时代意义。然而，八叔总是坦诚地谈及自身的弱点和缺点，仿佛勇士直面自己的伤痕。他说自己天性纯善，对人毫无防备之心，商业规则意识较淡薄，有时在商业合作中过于容易轻信别人，这份纯真在商业世界里，却成了一把双刃剑，偶遇不公平的困扰。八叔隐约感觉到，人们时常把自己作为成功人士长期予以赞扬，稍不留神就易于陷入认知偏差，在赞扬声中易陷入舒适、迷茫的陷阱。八叔感慨成功人士往往更难以获取客观、全面的反馈，有时易于做出片面的判断。对待下属，他宽厚得近乎溺爱，对他们的缺点往往选择包容忍受，很少直接指出。只因他珍视彼此间的情谊，害怕严苛的话语会如寒风般吹散那温暖的情感纽带。这对团队建设的利弊莫辨，这种管理方法也引起一些争议。所幸的是，有良知的员工感怀老板的理解和宽容，以更积极的态度予以回报。

在企业发展的征途上，也有人说八叔过于保守，可能限制了发展的脚步。银行曾经主动递来的授信额度，宛如一把开启财富之门的金钥匙，那是扩大养殖规模的天赐良机。然而，八叔却选择坚守用自有资金发展的道路。在如今风云变幻的经济环境下审视，这一抉择似是在惊涛骇浪中找到了一处宁静的避风港，规避了杠杆扩张可能带来的灭顶之灾；但回首往昔，在那个充满机遇的时刻，资本运作、加杠杆发展大行其是，这又是否是一种对命运馈赠的辜负呢？这一决策宛如一道神秘的历史谜题，镶嵌在八叔的创业历程中，让人深思不已。

八叔也感慨自己在校读书太少，知识面的局限如同迷雾，特别是在跨界创业时，偶尔会遮蔽他前行的目光。一直有阅读习惯的八叔，甚至认为当今很多资讯、知识可以在互联网上轻易找到，现在已没有阅读书籍的必要了；因此放弃了长期以来的阅读书籍的习惯。而单纯通过网络上碎片化、良莠不齐的知识，很难形成专业性的知识体系。就像在凤凰园的规划中，他曾设想建一个游泳池，这本是一个美好的愿景，却与园林的理念格格不入，是一个不专业的想法。八叔说，现在才认识到这种"浏览网络资讯可以代替书籍阅读"的想法是片面和肤浅的。虽然互联网资讯丰富便捷，但书籍有着独特价值。书籍经过精心编撰与筛选，专业性、系统性、深度性远胜网络上碎片化信息。书籍承载着人类的智慧结晶，其权威性与专业性为社会广泛认可，更能历经时间考验，得以世代传承。我们应将网络资讯与书籍阅读相结合，而非摒弃书籍。

这些不足和缺陷如同画卷上的一抹不协调的色彩，从侧面勾勒出八叔真实而立体的形象。他认为自己是一个食人间烟火、会犯错、有遗憾的普通人，在人生的舞台上演绎着自己独特的悲欢离合和甜酸苦辣。

确实是这样，八叔即便是如此耀眼的星辰，亦有其黯淡之处。

八叔故事的叙述渐近尾声，八叔的创业故事的不断演绎。我们已经形象地感受到一个农民企业家，矢志不渝地践行"勤、俭、实"的企业精神，书写了一段段创业成功的传奇。

三次创业，三度辉煌！八叔响亮地回答了"中国农民能不能致富"的时代之问。不仅为社会创造物质财富，更是奉献了宝贵的精神财富。

这便是八叔故事所蕴含的深刻内涵，八叔精神在当代社会的宝贵价值！

后记

我与八叔杨幸注同乡，2018年广东省盆景协会换届之际，我俩有幸结识，且一同被推举为协会名誉会长。因盆景艺术创作中对树的共同热爱，我们成为树友，进而发展为挚友。我敬佩八叔的能力和人品，八叔说我低调平实有阅历，值得深交。我们几乎每天通电话，关系亲密无间。八叔见我不太重视锻炼，便悉心教我举哑铃、练习深呼吸。自那以后，每个清晨八叔的电话都会准时提醒我锻炼，这电话声如同温暖的晨钟，开启我健康的新生活。我与八叔是君子之交，相互的友情纯朴而真挚。

在家乡茂名，八叔的创业经历宛如一部波澜壮阔的传奇史诗，他那独特而鲜明的人格魅力众口皆碑，也深深地感动了我。我突然强烈地意识到，他的故事与精神蕴含着巨大的社会价值，值得广为传播。然而八叔却极为谦逊低调，认为自己不过是平凡之人，其经历不值得被书写，也不愿过多谈及自己。

此时，八叔的生意伙伴、著名企业家曾凡光、我的叔父、著名军队作家、纪实文学《平津战役》与《果魂》的作者罗瑞以及八叔的侄儿杨智青纷纷站出来极力劝说八叔。他们认为八叔的创业之路充满艰辛与智慧，每一个坎坷都是宝贵的经验，每一次成功都是激

励他人的动力。尤其是带领农民走向致富的征程有很强的感染力和说服力。他们还强调,物质财富固然重要,但它只是一时的拥有;而八叔的精神财富,才是永恒的宝藏,能够激励一代又一代的人奋勇前行,不能让这样的精神财富被埋没。在他们的诚挚劝说下,八叔对此才勉强应诺。

于是,我向相识数十年的中国工人出版社原社长、党组书记兼总编辑李庆堂先生寻求帮助,希望他能为八叔物色一位合适的作家来撰写传记。李庆堂先生对八叔的故事题材高度认可,但考虑到北方作家对南方的地域文化、风土人情了解存在局限性,加上新冠疫情带来的诸多不便,他建议我亲自担纲撰写。我虽长期从事机关文秘工作和政府经济职能部门的管理工作,积累了一定的文字功底和经济运行、经济管理知识,可文学创作经验着实匮乏。但我想,在晚年能够投入精力创作,既能充实自己的生活,或许也能为社会做出一点有益的事情,便欣然动笔。对这"物色作家到自己动笔"的转变,我自嘲恰似"从股民变为股东",虽有挑战,但更多的是一份责任与使命感的承接。

我怀着坚定的信念,不写则罢,要写就写出一个真实而立体的八叔。2021年冬,我扎根八叔家中,整整一个月深入访谈,力图从不善言谈的八叔口中挖掘岁月的痕迹,还深入果园、鸡场、园林和八叔的家乡与员工及乡镇干部面谈,记录下10多万字的访谈笔记,并于翌年11月完成初稿。

然而用300多天熬成的初稿仅仅是把故事讲述完整,在逻辑性、文学性、可读性方面有所不足。我带着初稿向广州市原市长黎子流、茂名市茂南区委常委兼政法委书记(时任高州市人大常委会副主任)的李祖源以及作家罗瑞(已逝世),著名企业家曾凡光、龙暖兴,茂名市委组织部原副部长、茂名市旅游局原局长梁红健,高州市原副市长练锋,《高州日报》原社长兼总编辑赖才、广州市天河区发改委原副主任李莉、八叔侄子杨茂青等各界前辈和社会贤达请教。黎子流老市长强调:"要结合时代变迁反映八叔创业历程和思想成长,而且要深入了解,真实才能揭示真理。"然后还应我之请欣然为之作序。我的老师、茂名市人大常委会原常务副主任练有月充分肯定纪实文学反映了八叔带有乡土气息的创业成就和精神,并为本书作序。我还参加网上回忆录写作学习班,力图增厚文学素养。2023年秋和2024年秋,我再三住进八叔家深入访谈,修改稿子。在900余天里,对初稿进行了三次全面细致的校正、补充和修改,部分章节甚至推倒重写。常常觉得写作很艰涩,是八叔精神一次又一次激励我坚持写下去。2024年11月,当我把书稿交给八叔核阅被认可时,有一种如释重负的感觉。

其间,我带着初稿专门当面请教茂名市委和高州市委领导,得到了他们的认可与支持。他们深刻指出,当今中国正全力推进中国式现代化的伟大征程,广东也在积极开展"百县千镇万村高质量发展工程"。中国式现代化和"百千万工程"的核心内涵之一便是探索实践乡村振兴和创业致富,而八叔正是在这片土地上,以自己的方式带领群众探索实践创业致富的典型范例。说我的这本书出版可谓正当其时。这也让我更加明确改稿的着力点,要将"中国式现代化""乡村振兴""百千万工程"的宏大时代背景融入写作之中,使作品与中心工作和时代精神深度契合。

在数易其稿之后,我请于幼军老省长阅改并作序。老领导给予

后记

了热情的鼓励和肯定,指出了不足之处,并亲笔撰写了序言。

《八叔传奇》于2024年12月经羊城晚报出版社向新闻出版主管部门申报并获同意出版的批复意见。

在此,我要诚挚地表达我深深的感激之情。感谢八叔,他的故事如同涓涓细流,汇聚成我创作的浩瀚海洋。感谢八叔的团队提供大量的创作素材。感谢于幼军、黎子流(已逝世)、练有月等老领导和茂名市委和高州市委等领导的支持、鼓励和指导。感谢羊城晚报出版社为本书出版作出的努力。感谢所有为本书提供宝贵意见的前辈和贤达。感谢读者的关注和阅读。正是因为有了众多领导和各界人士的共同助力,这本书才得以问世。愿这本书成为传播八叔精神的火种,让更多的人了解八叔的故事,汲取其中蕴含的力量,积极投身于奔康致富的伟大事业,为实现中国式现代化贡献自己的力量。

作者简介

罗坤明，广东省高州市马贵镇人。曾就读高州电大党政干部专修科，华南师范大学政法系本科毕业。学生、知青、教师、公务员以至退休，几十年坚持读书写作。先后发表论文数十篇，其中《论企业文化在企业利益共同体构建中的作用》被中共中央宣传部原部长朱厚泽推荐在《人民日报》和中国社会科学院主办的研讨会上发表。后随于幼军书记从事文秘综合工作，曾任广州市黎子流市长秘书。

本文学传记是作者在访谈笔记十多万字的基础上，力求真实生动地反映改革开放中新农民的创业传奇和精神情怀。